图解铁路工程施工安全 28

图解铁路工程特殊环境与场所作业安全

温少芳　吴红娟　编著

中国铁道出版社
2013年 · 北京

图书在版编目(CIP)数据

图解铁路工程特殊环境与场所作业安全/温少芳,吴红娟编著
北京:中国铁道出版社,2013.3
(图解铁路工程施工安全/黄守刚主编)
ISBN 978-7-113-16138-5

Ⅰ.①图… Ⅱ.①温… ②吴… Ⅲ.①铁路工程—工程施工—安全技术—图解 Ⅳ.①U215.8-64

中国版本图书馆 CIP 数据核字(2013)第 035051 号

书　　名: 图解铁路工程施工安全
图解铁路工程特殊环境与场所作业安全

作　　者: 温少芳　吴红娟

策划编辑: 许士杰
责任编辑: 许士杰　　编辑部电话: (010) 51873204　　电子信箱: syxu99@163.com
编辑助理: 宋　薇
版式设计: 纪　潇
责任印制: 陆　宁

出版发行: 中国铁道出版社 (100054, 北京市西城区右安门西街 8 号)
网　　址: http://www.tdpress.com
印　　刷: 中国铁道出版社印刷厂
版　　本: 2013 年 3 月第 1 版　2013 年 3 月第 1 次印刷
开　　本: 850 mm×1 168 mm　1/32　印张: 7.75　字数: 201 千
印　　数: 1~3 000 册
书　　号: ISBN 978-7-113-16138-5
定　　价: 33.00 元

前 言

铁路工程建设规模大、施工人员分散、流动性强、机械化程度低、劳动强度高、安全管理人员数量少、临时设施多、职业卫生条件差，加之新材料、新技术、新工艺、新装备大量采用，安全管理任务重，难度大。为解决铁路工程施工安全教育培训难题，编著者们针对铁路工程施工的安全特点，撰写了“图解铁路工程施工安全”系列丛书。

本丛书以最新版铁路工程施工安全技术规程、施工现场临时用电安全技术规范、建筑机械使用安全技术规程等标准、规范、规程为基础，以满足安全管理、安全技术和安全操作三个层次人员的教育培训需要为目标，深入浅出地用图画形式直观、形象地解析了铁路工程施工危险危害因素、安全基本常识、安全技术要点与安全管理注意事项等。

本丛书特别适合作为一线施工人员的安全知识、安全技能学习的自学用书，也可作为安全作业的指导用书，还适合于施工安全管理人员、施工技术人员等参考阅读。

限于编著者们的水平和绘图素材的选取局限性，书中错误和不妥之处在所难免，恳请广大读者批评指正。

本丛书由石家庄铁道大学黄守刚主持编著，铁道部铁路工程技术标准所薛吉岗主持审定。

编著者

2013年3月

目录

Contents

目录

Contents

1　高处作业

1　高处作业

1.1　一般规定

1．高处作业所需的安全防护用品及防护设施、标志、工具、仪表、电器设施，必须在施工前进行检查或试验合格，方可投入使用。

2．高处作业人员必须正确佩戴和使用防护用品。

3．高处作业必须系安全带，安全带应挂在牢固的物件上，严禁在一个物件上拴挂多根安全带或一根安全带上拴多个人。

4．作业人员必须从专用的通道或爬梯上下，严禁攀登脚手架。攀登的用具、结构构造必须牢固可靠。

5. 高处作业所用的物料、机具、工具等，必须堆平放稳。

6．高处作业所用的物料、机具、工具等，不得妨碍通行和装卸。

7．高处作业中，对有可能坠落的物件必须先行撤除或加以固定。

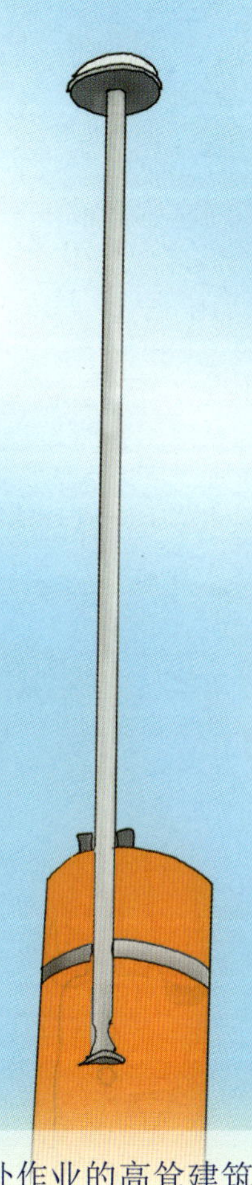

8．对进行高处作业的高耸建筑物、构筑物等，应按规定设置避雷设施。

9．遇有6级及以上强风、暴雨、浓雾等恶劣天气，严禁进行室外攀登与悬空作业。

10．暴风雪及台风暴雨前后，应对高处作业安全设施逐一检查，发现异常立即采取加固措施。

11．雨雪天气进行高处作业时，必须采取可靠的防滑、防寒、防冻措施，及时清除水、雪、冰、霜。

12．临时拆除或变动安全防护设施时，必须经施工负责人批准，并采取相应可靠的安全措施，作业后应立即组织恢复。

13．防护设施搭设与拆除时，应设警戒区，并派专人监护。拆除时应自上而下，严禁上下同时拆除。

14. 立体交叉作业时，不得在同一竖直方向上下同时操作。

15. 下层作业的位置，必须处于依上层高度确定的可能坠落半径范围之外。坠落半径应根据《高处作业分级》GB3608—2008标准通过计算确定。不符合标准条件而必须作业时，应设置安全防护层。

16. 上方施工可能坠落物件的通道及处于起重臂回转范围内的通道，在其受影响的范围内，必须搭设顶部能防止穿透的防护廊。

1.2 临边作业

1. 临边作业的防护措施应符合下列规定：

（1）下列处所必须设置防护栏杆，必要时张挂安全网：

①基坑周边；

下列处所必须设置防护栏杆，必要时张挂安全网：
②墩台顶；

下列处所必须设置防护栏杆，必要时张挂安全网：
③桥面周边；

下列处所必须设置防护栏杆，必要时张挂安全网：
④施工电梯、脚手爬梯与建筑物通道的两侧边等。

（2）施工现场通道附近的各类洞口与坑槽等处以及公路、乡道、村路边施工的基坑等，除设置防护设施外，夜间应设置警示灯。

2．临边防护栏杆杆件的规格及连接，应保证稳固可靠。

3. 临边防护栏杆的搭设应符合下列规定：

（1）防护栏杆应由上、下两道横杆及立柱组成，上杆离下平面高度为1.0～1.2m，下杆离下平面高度为0.5～0.6m。

（2）坡度较大的作业面，防护栏杆高度应为1.5m，并加挂安全立网或在栏杆下边设置严密固定的高度不小于18cm的挡脚板。此外，横杆长度大于2m时，必须加设栏杆立柱。

临边防护栏杆的搭设应符合下列规定：
（3）防护栏杆立柱应固定牢靠。

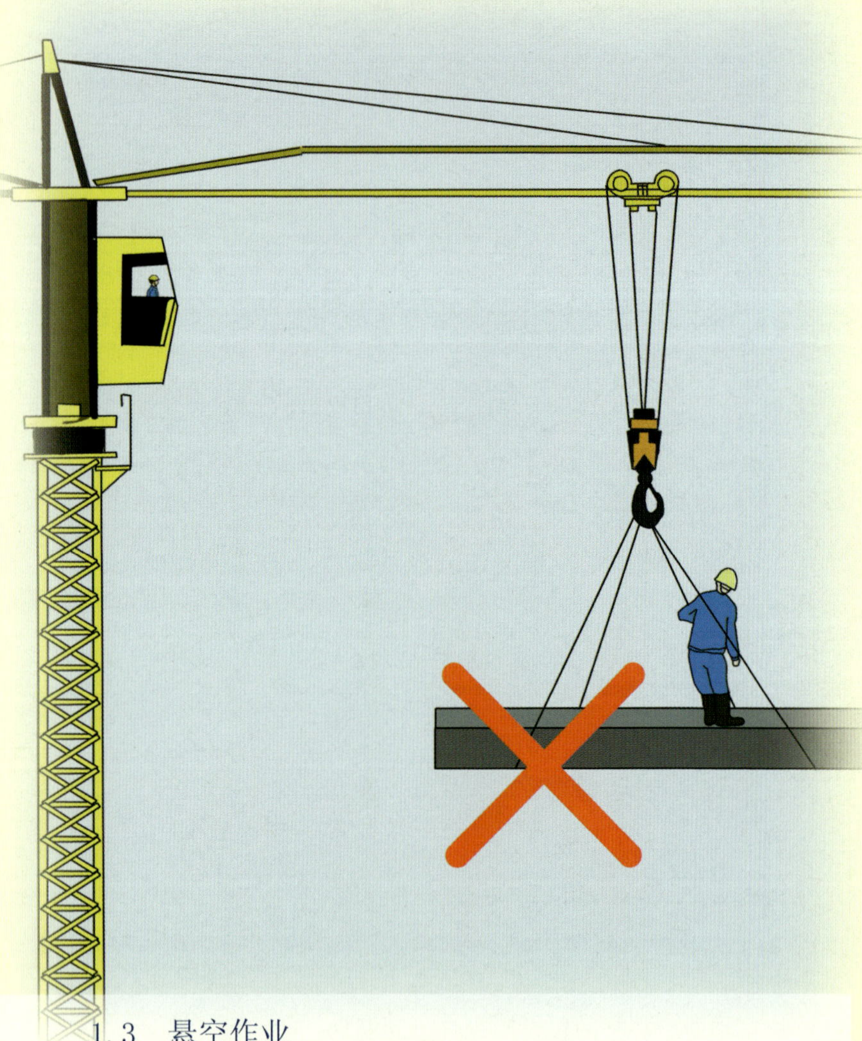

1.3 悬空作业

1. 悬空吊装构件时，作业人员必须站在操作平台上操作，严禁在构件上站人。

2．悬空作业人员必须正确佩戴和使用个人劳动防护用品。

2 密闭空间作业

桥梁蒸养锅炉

密闭空间是指与外界相对隔离，进出口受限，自然通风不良，足够容纳一人进入并从事非常规、非连续作业的有限空间。例如：

①锅炉。

②涵洞。

③隧道。

④桩孔。

⑤井、池、下水道、地下仓库、储藏室、地窖等。

2.1 作业负责人的职责

1. 确认准入者、监护者的职业卫生培训及上岗资格。

2. 在密闭空间作业环境、作业程序和防护设施及用品达到允许进入的条件后，允许进入密闭空间。

3．在密闭空间及其附近发生不符合准入的情况时，终止进入。

4. 密闭空间作业完成后，在确定准入者及所携带的设备和物品均已撤离后终止准入。

5．对应急救援服务、呼叫方法的效果进行检查、验证。

6．对未经准入又试图进入或已进入密闭空间者进行劝阻或责令退出。

2.2 作业准入者的职责

1. 接受职业卫生培训，持证上岗。

2. 按照用人单位审核进入批准的密闭空间实施作业。

3. 遵守密闭空间作业安全操作规程；正确使用密闭空间作业安全设施与个体防护用品。

4. 应与监护者进行必要的、有效的安全、报警、撤离等双向信息交流。

5．在准入的密闭空间作业且发生下列事项时，应及时向监护者报警或撤离密闭空间：

（1）已经意识到身体出现危险症状和体征。

在准入的密闭空间作业且发生下列事项时，应及时向监护者报警或撤离密闭空间：

（2）监护者和作业负责人下达了撤离命令。

在准入的密闭空间作业且发生下列事项时，应及时向监护者报警或撤离密闭空间：

（3）探测到必须撤离的情况或报警器发出撤离警报。

6．应确保准入时间不能超过完成特定工作所需时间（按时完成工作，离开现场，避免由于超时造成的危害）。

7. 密闭空间的作业一旦完成，所有准入者及所携带的设备和物品均已撤离，或者在密闭空间及其附近发生了准入所不容许的情况，要终止进入并注销准入证。

2.3 监护者的职责

1．具有能警觉并判断准入者异常行为的能力，接受职业卫生培训，持证上岗。

2. 准确掌握准入者的数量和身份。

3. 在准入者作业期间，履行监测和保护职责，保证在密闭空间外持续监护；适时与准入者进行必要的、有效的安全、报警、撤离等信息交流。在紧急情况时向准入者发出撤离警报。

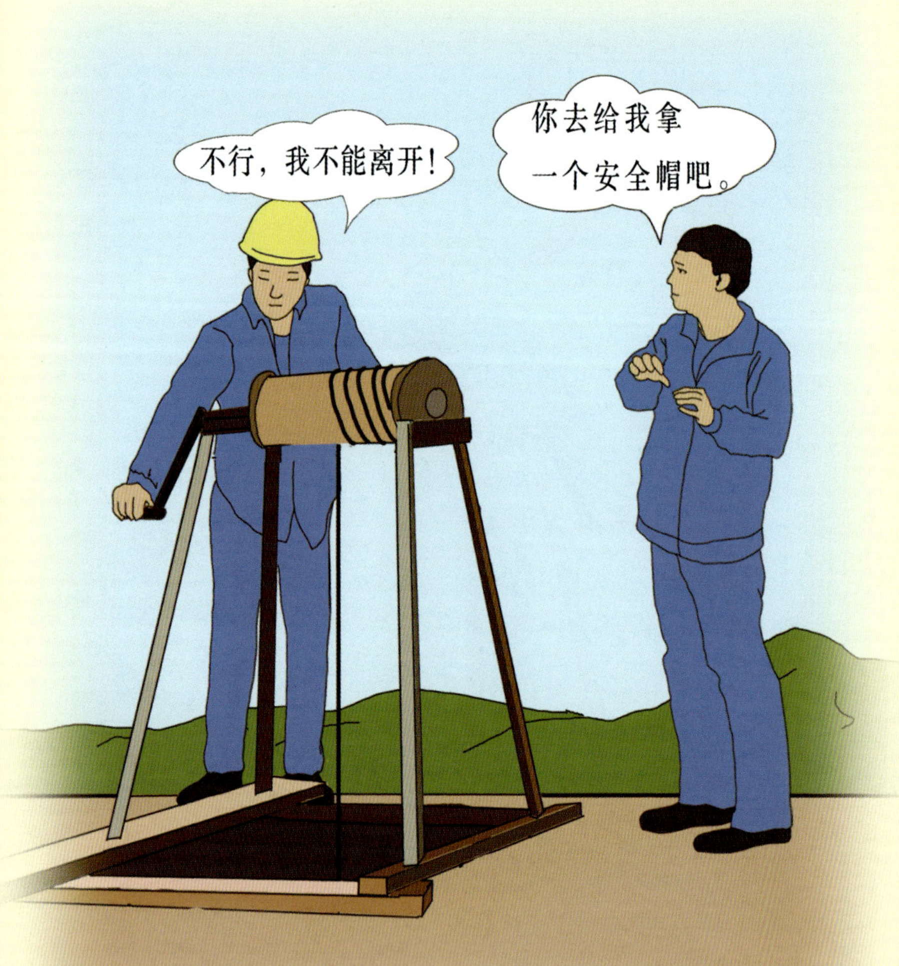

4．监护者在履行监测和保护职责时，不能受到其他职责的干扰。

5．发生以下情况时，应命令准入者立即撤离密闭空间，必要时，立即呼叫应急救援服务，并在密闭空间外实施应急救援工作。

（1）发现禁止作业的条件。

（2）发现准入者出现异常行为。

发生以下情况时，应命令准入者立即撤离密闭空间，必要时，立即呼叫应急救援服务，并在密闭空间外实施应急救援工作。

（3）密闭空间外出现威胁准入者安全和健康的险情。

发生以下情况时，应命令准入者立即撤离密闭空间，必要时，立即呼叫应急救援服务，并在密闭空间外实施应急救援工作。

（4）监护者不能安全有效地履行职责时，也应通知准入者撤离。

6．对未经允许靠近或者试图进入密闭空间者予以警告并劝离，如果发现未经允许进入密闭空间者，应及时通知准入者和作业负责人。

2.4　安全作业要求

1. 密闭空间作业应满足如下条件：

（1）配备符合要求的通风设备、个人防护用品、检测设备、照明设备、通信设备、应急救援设备。

密闭空间作业应满足如下条件：

（2）应用具有报警装置并经检定合格的检测设备对准入的密闭空间进行检测评价；检测、采样方法按相关规范执行；检测顺序及项目应包括：

①测氧含量。正常时氧含量为18%～22%，缺氧的密闭空间应符合GB 8958的规定，短时间作业时必须采取机械通风。

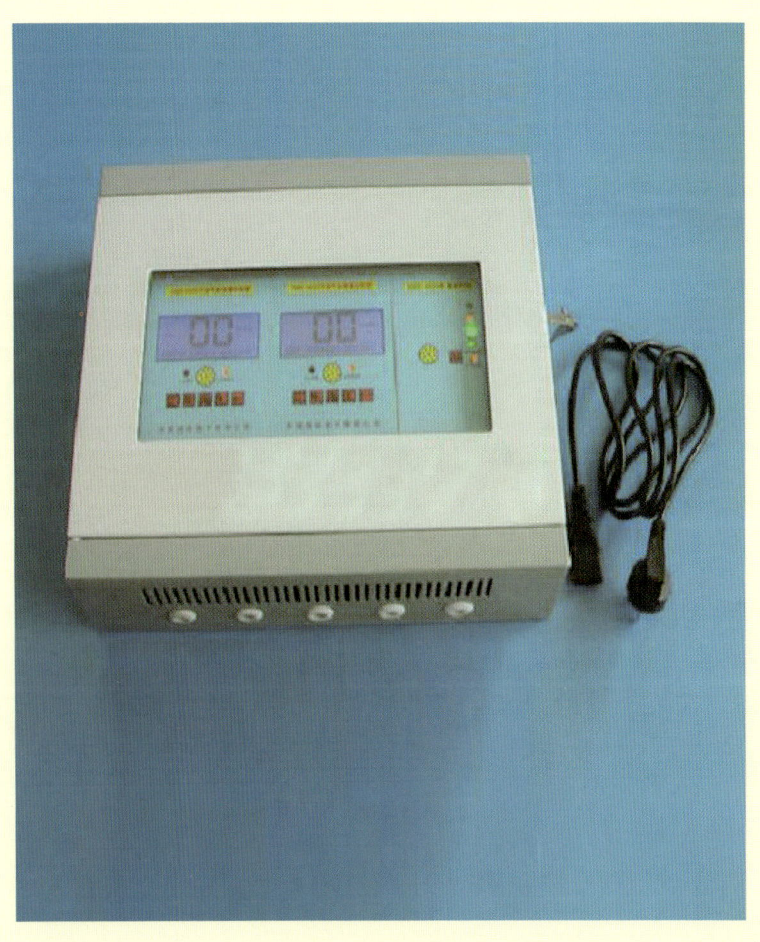

检测顺序及项目应包括：

②测爆。密闭空间空气中可燃性气体浓度应低于爆炸下限的10%。对油轮船舶的拆修，以及油箱、油罐的检修，空气中可燃性气体的浓度应低于爆炸下限的1%。

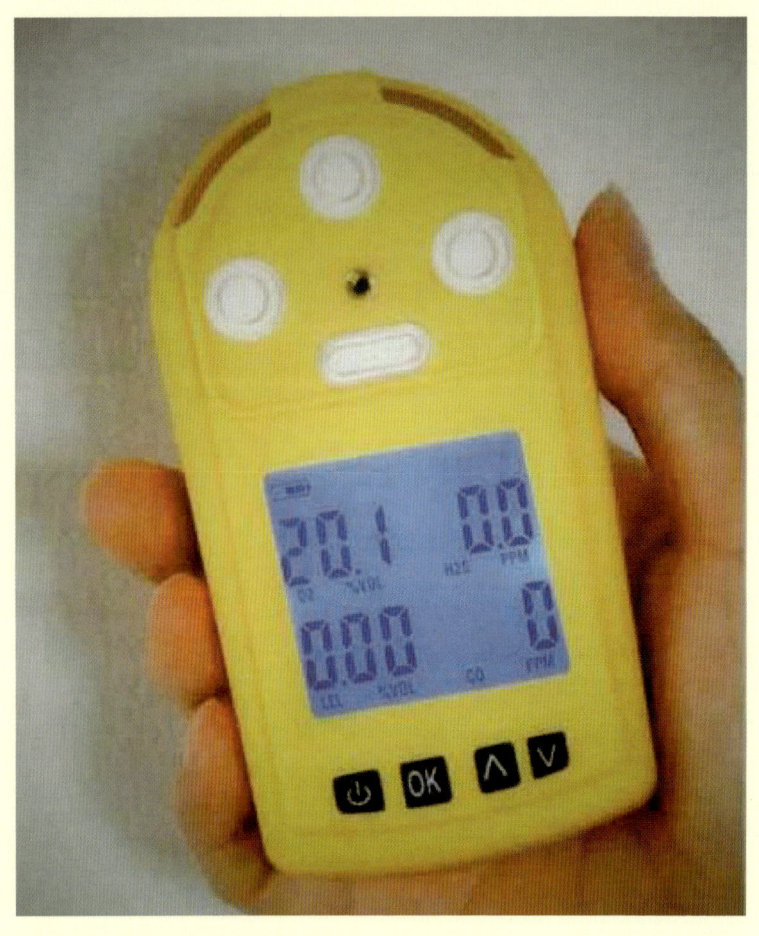

检测顺序及项目应包括：

③测有毒气体。有毒气体的浓度，须低于规定的浓度要求。如果高于此要求，应采取机械通风措施和个人防护措施。

密闭空间作业应满足如下条件：

（3）当密闭空间内存在可燃性气体和粉尘时，所使用的器具应达到防爆的要求。

（4）当有害物质浓度大于规定，或虽经通风但有毒气体浓度仍高于规定要求，或缺氧时，应当按照要求选择和佩戴呼吸性防护用品。

密闭空间作业应满足如下条件：

（5）所有准入者、监护者、作业负责人、应急救援服务人员须经培训考试合格。

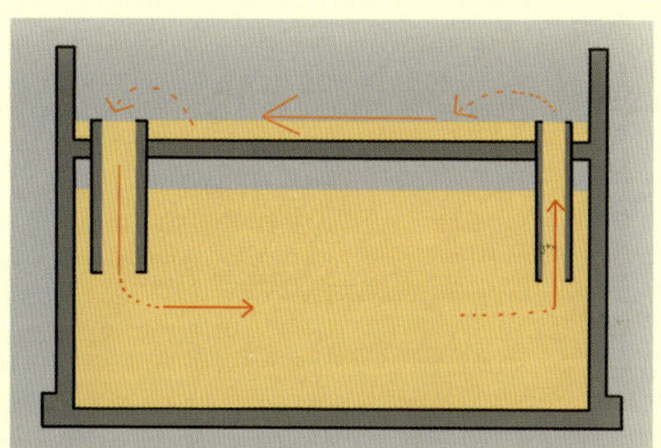

2．隔离密闭空间注意事项：

（1）封闭危害性气体或蒸气可能回流进入密闭空间的其他开口。

隔离密闭空间注意事项：

（2）采取有效措施防止有害气体、尘埃或泥土、水等其他自由流动的气体、液体和固体涌入密闭空间。

隔离密闭空间注意事项：
（3）将密闭空间与一切不必要的热源隔离。

3. 进入密闭空间作业前，应采取水蒸气清洁、惰性气体清洗和强制通风等措施，对密闭空间进行充分清洗，以消除或者减少存于密闭空间内的职业病有害因素。

（1）水蒸气清洁

①适于密闭空间内水蒸气挥发性物质的清洁。

②清洁时，应保证有足够的时间彻底清除密闭空间内的有害物质。

水蒸气清洁

③清洁期间，为防止密闭空间内产生危险气压，应给水蒸气和凝结物提供足够的排放口。

水蒸气清洁

④清洁后，应进行充分通风，防止密闭空间因散热和凝结而导致任何“真空”。在准入者进入高温密闭空间前，应将该空间冷却至室温。

⑤清洗完毕，应将密闭空间内所有剩余液体适当排出或抽走，及时开启进出口以便通风。

水蒸气清洁

⑥水蒸气清洁过的密闭空间长时间未启用，启用时应重新进行水蒸气清洁。

水蒸气清洁

⑦对腐蚀性物质或不易挥发物质，在使用水蒸气清洁之前，应用水或其他适合的溶剂或中和剂反复冲洗，进行预处理。

（2）惰性气体清洗

①为防止密闭空间含有易燃气体或蒸发液导致在开启时形成有爆炸性的混合物，可用惰性气体（例如氮气或二氧化碳）清洗。

②用惰性气体清洗密闭空间后，在准入者进入或接近前，应当再用新鲜空气通风，并持续测试密闭空间的氧气含量，以保证密闭空间内有足够维持生命的氧气。

（3）强制通风

①为保证足够的新鲜空气供给，应持续强制性通风。

②通风时应考虑足够的通风量，保证能够稀释作业过程中释放出来的危害物质，并满足呼吸供应。

强制通风

③强制通风时，应将通风管道延伸至密闭空间底部，有效去除比重大于空气的有害气体或蒸气，保持空气流通。

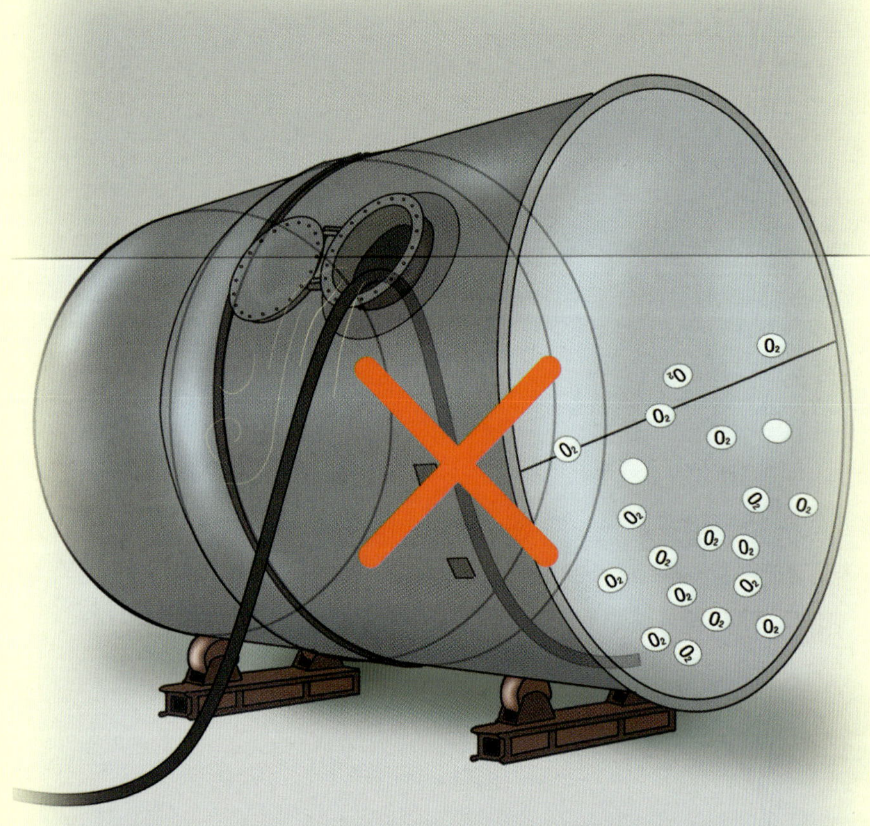

强制通风

④一般情况下，禁止直接向密闭空间输送氧气，防止空气中氧气浓度过高导致危险。

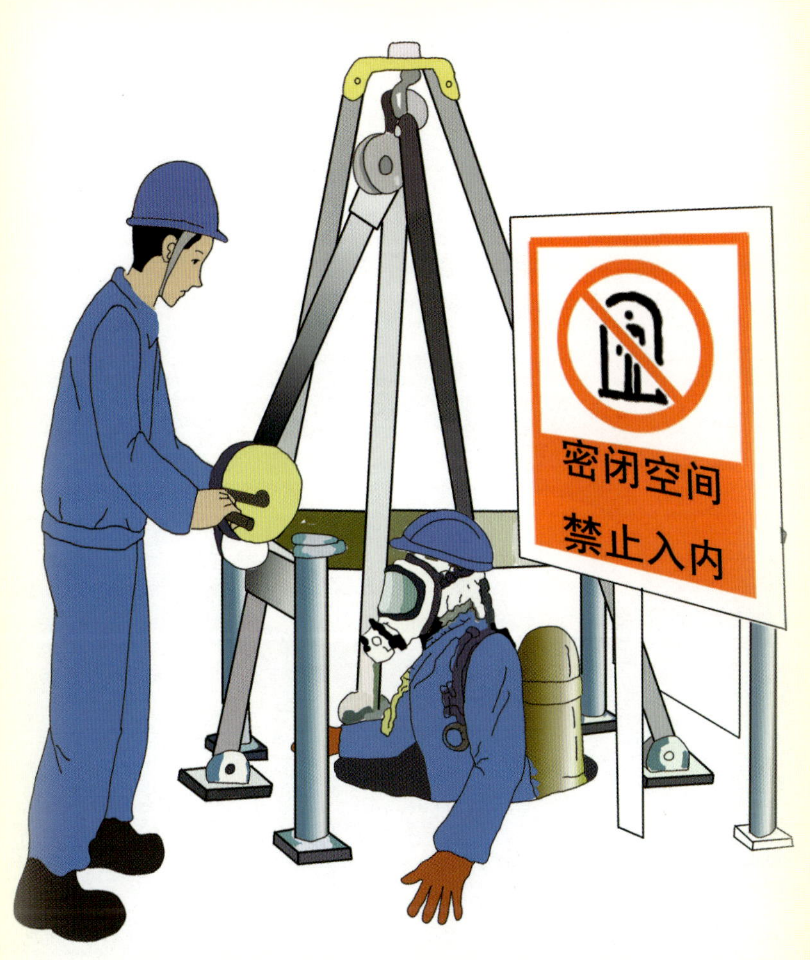

4．设置必要的隔离区域或屏障。

5．保证密闭空间在整个准入期内始终处于安全卫生受控状态。

2.5 呼吸器具的使用

1．健康状况不适宜佩戴呼吸器具者，严禁使用呼吸器具进入密闭空间及进行有关工作。更不得未佩戴呼吸器具直接进入密闭空间及进行有关工作。

2. 供气式呼吸器的供气流量应保证面罩内保持正气压。

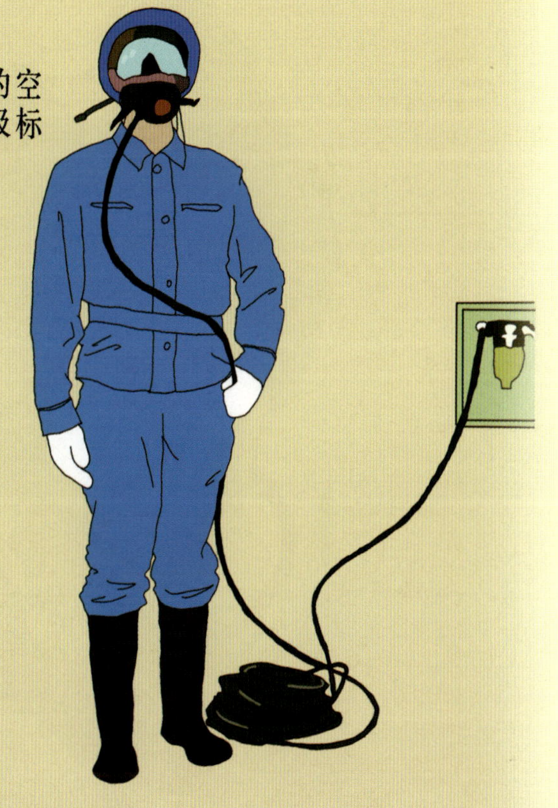

3．采取预防措施防止空气在输送过程中受到污染。

4. 空气呼吸器具应按使用说明书进行保养。所有在密闭空间使用的呼吸器具，应当保持良好状态。

5．空气气源应避免导入已受污染的空气。供气质量应适合呼吸，不容许直接使用工业用途的气源。

2.6 应急救援

1. 救援人员应具有在规定时间内在密闭空间危害已被识别的情况下对受害者实施救援的能力。

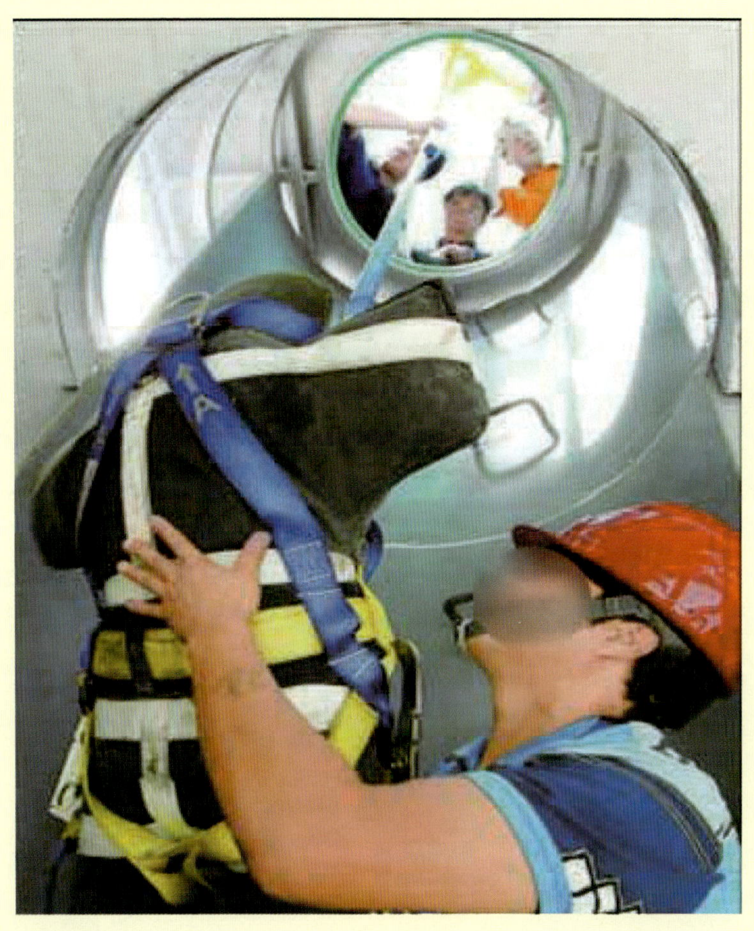

2．进行密闭空间救援和应急服务时，应采取以下措施：

（1）告知每个救援人员所面临的危害。

（2）为救援人员提供安全可靠的个人防护设施，并通过培训使其能熟练使用。

（3）无论准入者何时进入密闭空间，密闭空间外的救援均应使用吊救系统。

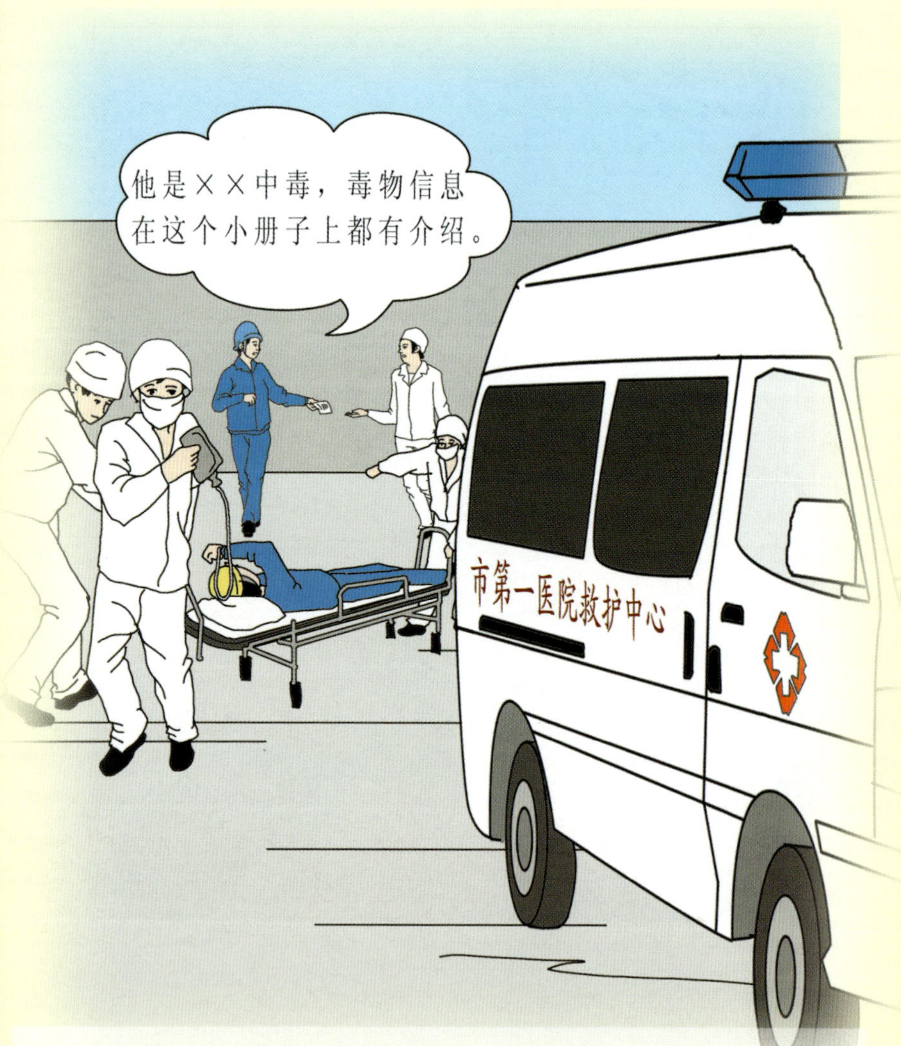

进行密闭空间救援和应急服务时，应采取以下措施：

（4）应将化学物质安全数据清单或所需要的类似书面信息放在工作地点，如果准入者受到有毒物质的伤害，应当将这些信息告知处理暴露者的医疗机构。

3．吊救系统应符合的条件：

（1）每个准入者均应使用胸部或全身套具，绳索应从头部往下系在后背中部靠近肩部水平的位置，或能有效证明从身体侧面也能将工作人员移出密闭空间的其他部位。

吊救系统应符合的条件：

（2）在不能使用胸部或全身套具，或使用胸部或全身套具可能造成更大危害的情况下，可使用腕套，但须确认腕套是最安全和最有效的选择。

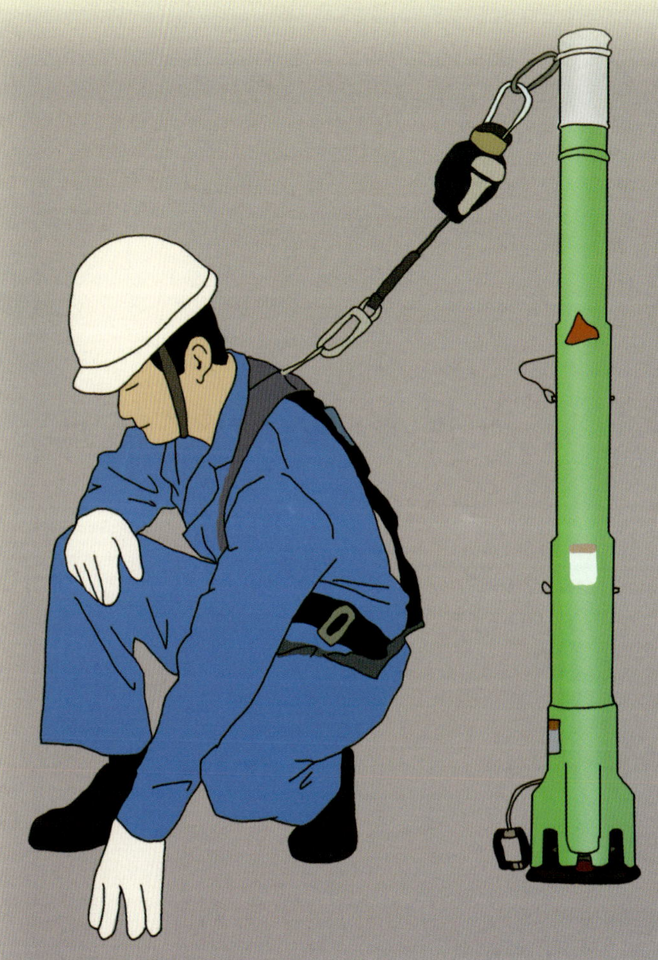

吊救系统应符合的条件：

（3）在密闭空间外使用吊救系统救援时，应将吊救系统的另一端系在机械设施或固定点上，保证救援者能及时进行救援。机械设施应具有至少可将人从1.5m的密闭空间中救出的能力。

3　生产性粉尘场所作业

1．生产性粉尘主要受危害的工种包括：石工、掘进工、风钻工、炮工、出碴工、喷砂工、浇筑工、玻璃打磨工、混凝土（砂浆）搅拌机司机、水泥上料工、材料试验工、刨机工、电（气）焊工、金属打磨工、除锈工、砂轮磨锯工等。在铁路工程中，生产性粉尘包括：

（1）含游离的二氧化硅粉尘，例如钻爆法隧道施工时会产生二氧化硅粉尘。

在铁路工程中，生产性粉尘包括：

（2）水泥尘（硅酸盐），例如水泥的装卸、搬运作业以及拌和站会产生水泥尘。

在铁路工程中，生产性粉尘包括：
（3）木屑尘，例如在制造木模板时会产生木屑尘。

在铁路工程中，生产性粉尘包括：
（4）焊接烟尘，例如钢筋焊接时会产生焊接烟尘。

在铁路工程中，生产性粉尘包括：
（5）金属粉尘，例如钢轨打磨、切割时会产生金属粉尘。

在铁路工程中，生产性粉尘包括：

（6）砂石、灰土等，例如在场拌法改良路基填料时会产生石灰粉尘。

2．采用风钻挖掘地面或清扫施工现场时，应先喷雾或洒水。

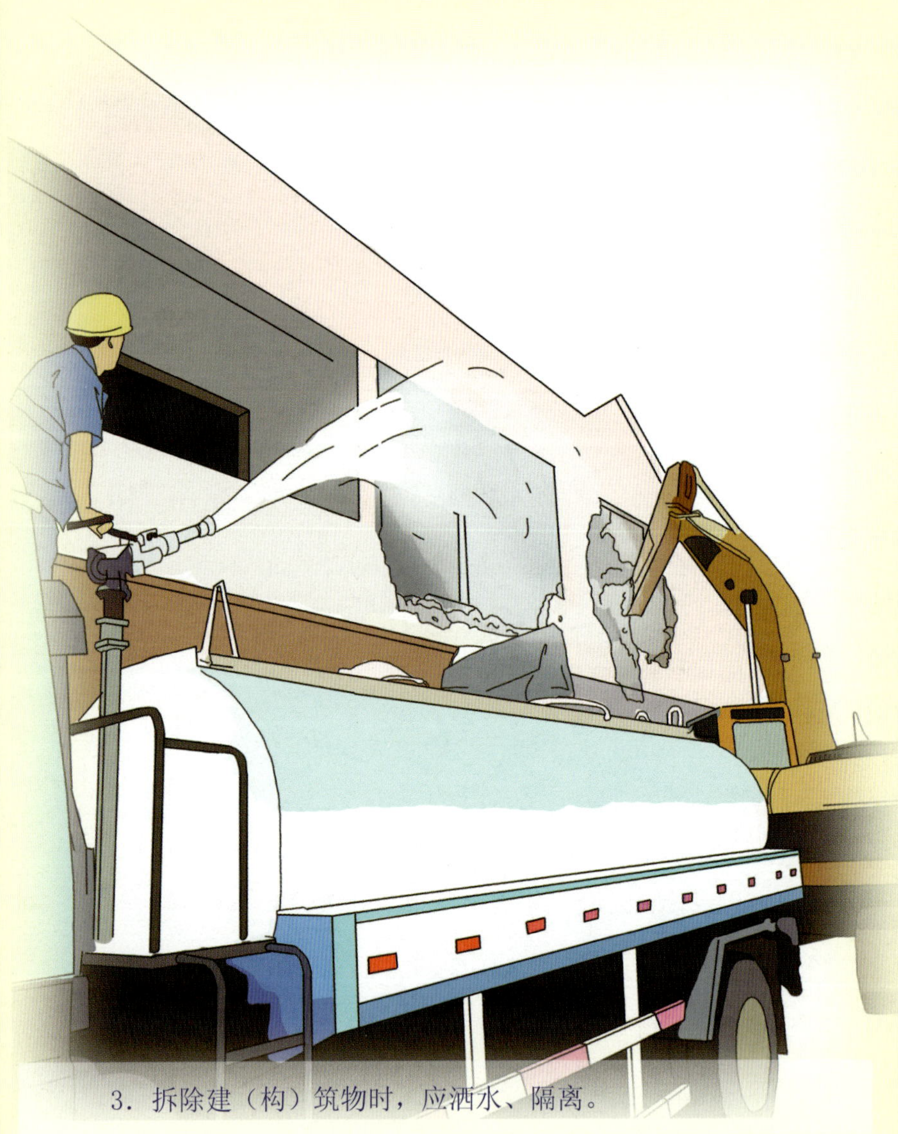

3. 拆除建（构）筑物时，应洒水、隔离。

4．拆除建（构）筑物时，应在规定期限内清除所有废弃物。

5．运送散装物料、建筑垃圾和渣土时，应采用密闭覆盖措施，严禁高空抛掷、扬撒。

6. 清理车辆、设备和物料的尘埃时，不得使用空气压缩机，作业场所内应设置车辆清洗设施以及配套的排水、泥浆沉淀设施，运输车辆应在除泥、冲洗干净后，方可驶出施工现场。

4　生产性毒物场所作业

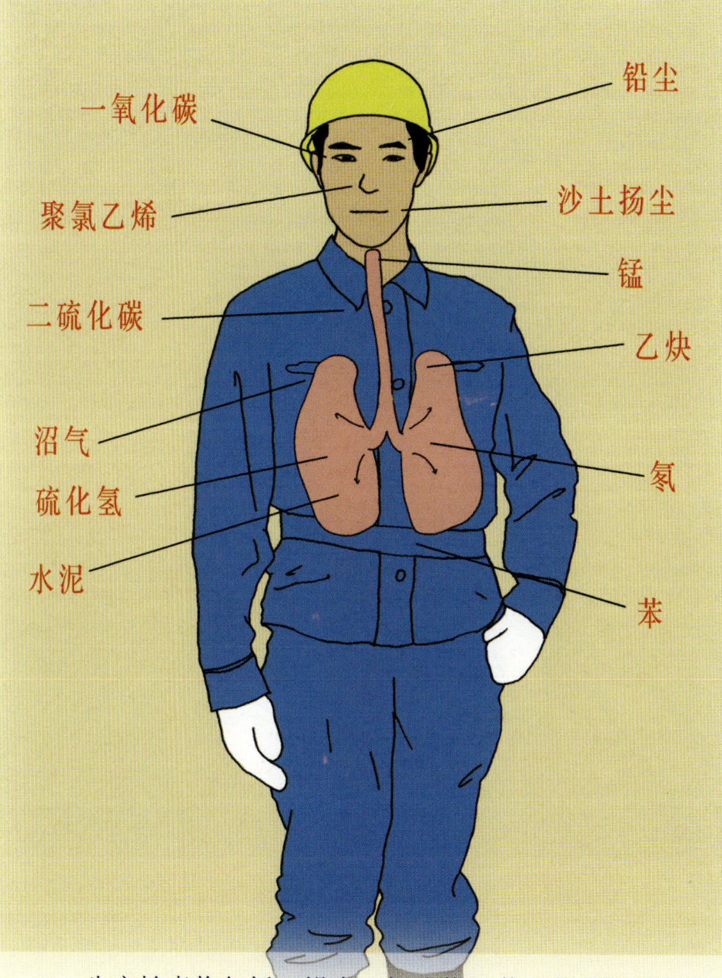

1．生产性毒物包括：铅尘（烟或物）苯及其同系物蒸气、锰烟尘、乙炔、一氧化碳、二氧化碳、硫化氢、二硫化碳、沼气、氮氧化物气体、氡、聚氯乙烯、水泥、沙土扬尘等。

吸入生产性毒物可能引起严重的后果。

2．生产性毒物主要受危害的工种包括：
（1）电（气）焊工。

生产性毒物主要受危害的工种包括：
（2）喷漆工。

生产性毒物主要受危害的工种包括：
（3）涂刷工。

生产性毒物主要受危害的工种包括：
（4）爆破工。

生产性毒物主要受危害的工种包括：
（5）深基坑施工。

生产性毒物主要受危害的工种包括：
（6）隧道凿岩工。

生产性毒物主要受危害的工种包括：
（7）冬期暖棚施工，等等。

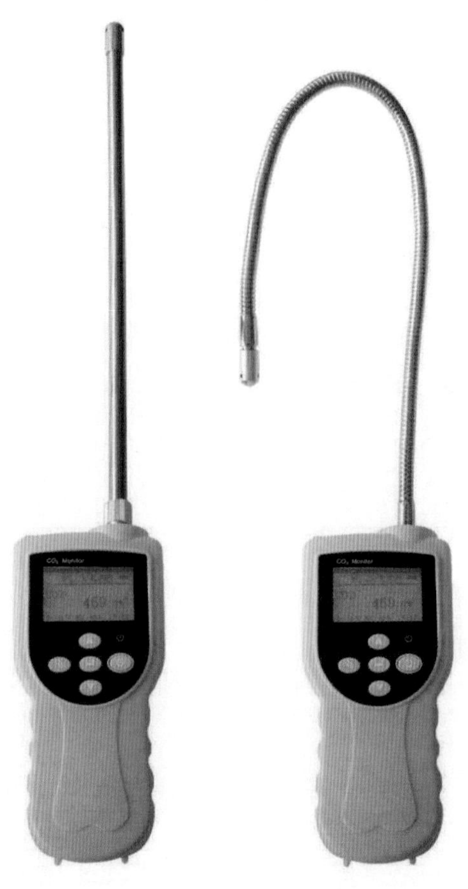

3．运输、储存毒物时，必须采取密闭的工艺设备、装置，防止跑、冒、滴、漏。毒物危害比较严重的场所，必须按规定设置有毒气体浓度报警仪或有毒气体检测仪。

4．使用有毒物品时，应设置黄色区域警戒线、警示标志和警示说明（包括危害种类、后果、预防及应急救援措施）。

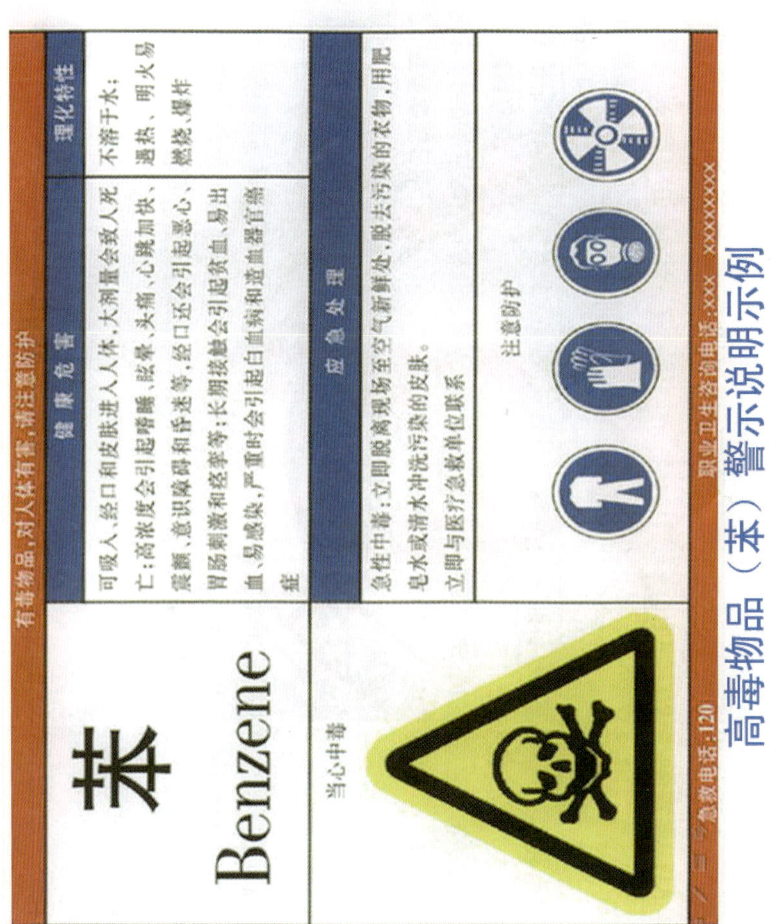

高毒物品（苯）警示说明示例

5．高毒作业场所应设置红色区域警戒线、警示标志和警示说明，并设置通信报警设备。

6．生产性毒物场所应采用自然通风或机械通风装置，降低毒物浓度。

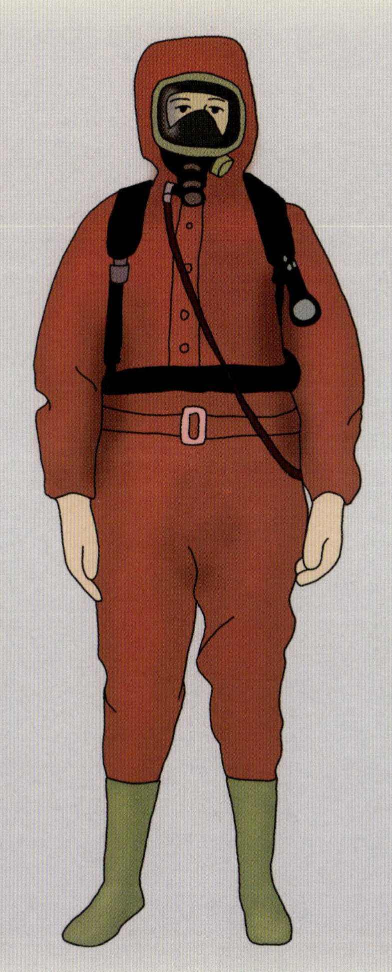

7．生产性毒物场所作业人员必须正确佩戴和使用防护服装、防毒面罩、呼吸器等防护用品，并不应超时作业。

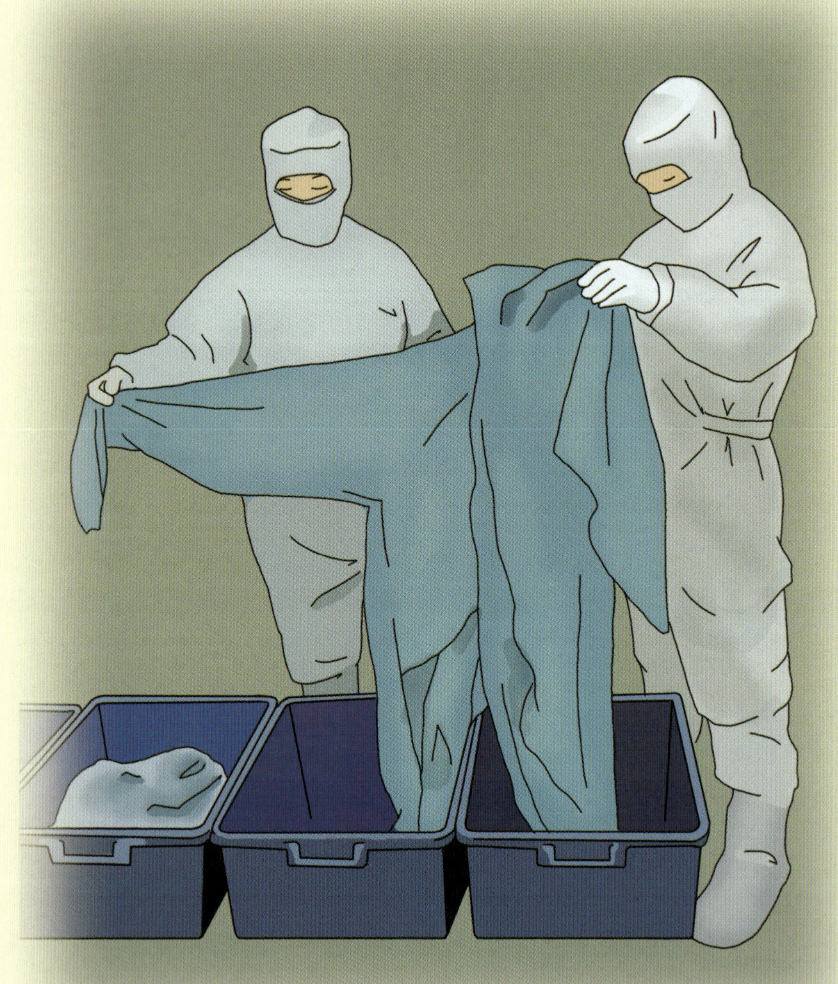

8. 生产性毒物场所作业人员严禁在作业场所饮食、吸烟，同时应保持个人卫生，班后应淋浴，工作服与便服应隔开存放，并定期清洗。

5 噪声场所作业

1．噪声的声源主要包括：推土机、挖掘机、装载机、压路机、打桩机、打夯机、钻孔机、凿岩机、混凝土搅拌机、振捣器、电锯、吊车、升降机、气压机、电动机、碎石机、砂轮机、钢筋加工机械、木工加工机械、风镐、运送材料的卡车等。

2．噪声作业场所应采取设置消声器、隔声罩、隔振垫等吸声、隔声、隔振、阻尼措施，消除或减少噪声传播。

图示为某施工单位考虑到大桥部分路段与周围居民楼相距较近，在桥梁两侧安装了隔声屏障，以减少对周围居民的噪声污染。

3．机械维修人员应加强对高噪声设备的日常保养和维护，减少噪声污染。

4. 应正确佩戴和使用耳塞、耳罩、防声帽等听力防护用品，并不应超时、超强作业。

6　辐射场所作业

1．紫外线辐射场所作业应符合下列规定：

（1）必须采取屏蔽放射源或增大距辐射源距离的措施。

（2）电焊作业人员必须按规定正确佩戴和使用防护面罩、护目镜、口罩、绝缘鞋和防护服等，不应卷袖或穿短袖衣服。

紫外线辐射场所作业应符合下列规定：
（3）非作业人员不应在电焊作业场所逗留观望。

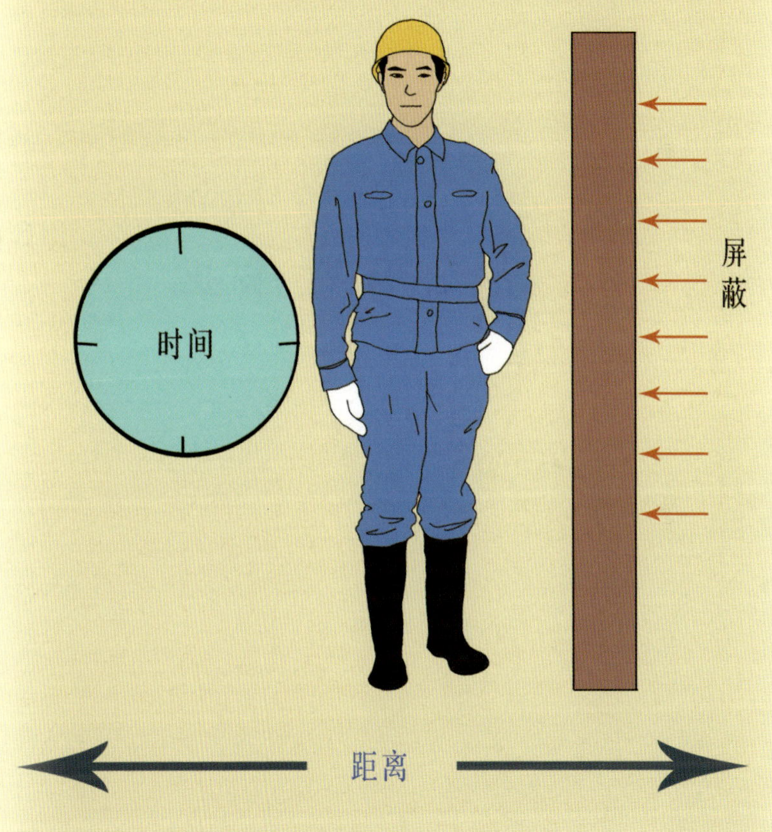

2．放射线场所作业应符合下列规定：

（1）必须对放射源进行屏蔽防护。

（2）应采取封闭隔离措施，防止放射源扩散，并清除污染，保持卫生整洁。

7 缺氧场所作业

7.1　缺氧场所及缺氧症状

1. 缺氧是指作业场所空气中的氧含量低于19.5%的状态。缺氧危险作业场所分为以下三类：

（1）密闭设备：包括贮罐、塔(釜)、沉箱及锅炉等。

缺氧危险作业场所分为以下三类：

（2）地下有限空间：包括地下管道、地下室、地下仓库、地下工程、暗沟、隧道、涵洞、地坑、废井、地窖、污水池(井)等。

缺氧危险作业场所分为以下三类：
（3）地上有限空间：包括温室、冷库、料仓等封闭空间。

2. 缺氧具有如下症状：

（1）头晕、头痛、耳鸣、眼花、四肢软弱无力；

（2）恶心、呕吐、心慌、气短、呼吸急促、心跳快速无力；

（3）随着缺氧的加重，容易产生意识模糊，全身皮肤、嘴唇、指甲青紫，血压下降，瞳孔散大，昏迷。

（4）严重缺氧的话，可能导致呼吸困难、心跳停止、缺氧窒息而死亡。

7.2 一般缺氧危险作业要求与安全防护措施

1．当从事具有缺氧危险的作业时，按照先检测后作业的原则，在作业开始前，必须准确测定作业场空气中的氧含量。在准确测定氧含量前，严禁进入该作业场所。

2．根据测定结果采取相应措施，并记录所采取措施的要点及效果。

3．在作业进行中应监测作业场所空气中氧含量的变化并随时采取必要措施。在氧含量可能发生变化的作业中应保持必要的测定次数或连续监测。

4．主要防护措施有：

（1）监测人员必须装备准确可靠的分析仪器，并且应定期标定、维护，仪器的标定和维护应符合相关国家标准的要求。

主要防护措施有：

（2）在已确定为缺氧环境的作业场所，必须采取充分的通风换气措施，使该环境空气中氧含量在作业过程中始终保持在19.5%以上。严禁用纯氧进行通风换气。

【案例】某隧道北口的东侧洞口目前已挖至420m，西侧洞口已挖至360m。进入到这一深度，洞中已出现氧气不充分的现象，于是施工单位通过氧气输送管道，每天24h向洞中输送新鲜空气，并吸出洞中尘土。

主要防护措施有：

（3）作业人员必须配备并使用空气呼吸器或软管面具等隔离式呼吸保护器具。严禁使用过滤式面具。

主要防护措施有：

（4）当存在因缺氧而坠落的危险时，作业人员必须使用安全带（绳），并在适当位置可靠地安装必要的安全绳网设备。

7 缺氧场所作业

主要防护措施有：

（5）在作业人员进入缺氧作业场所前和离开时应准确清点人数。

（6）在存在缺氧危险作业时，必须安排监护人员。监护人员应密切监视作业状况，不得离岗。发现异常情况，应及时采取有效的措施。

主要防护措施有：

（7）作业人员与监护人员应事先规定明确的联络信号，并保持有效联络。

（8）如果作业现场的缺氧危险可能影响附近作业场所人员的安全时，应及时通知这些作业场所。

（9）严禁无关人员进入缺氧作业场所，并应在醒目处做好标志。

7.3 特殊缺氧危险作业要求与安全防护措施

1．一般缺氧危险作业要求与安全防护措施适用于此种作业。

2．当作业场所空气中同时存在有害气体时，必须在测定氧含量的同时测定有害气体的含量，并根据测定结果采取相应的措施。在作业场所的空气质量达到标准后方可作业。

3. 在进行钻探、挖掘隧道等作业时，必须用试钻等方法进行预测调查。发现有硫化氢、二氧化碳或甲烷等有害气体逸出时，应先确定处理方法，调整作业方案，再进行作业。防止作业人员因上述气体逸出而患缺氧中毒综合症。

4. 在密闭容器内使用氩、二氧化碳或氦气进行焊接作业时，必须在作业过程中通风换气，使氧含量保持在19.5%以上。

7.4　缺氧事故应急救援

1．在存在缺氧危险的作业场所，必须配备抢救器具。如：呼吸器、梯子、绳缆以及其他必要的器具和设备，以便在非常情况下抢救作业人员。

2．对已患缺氧症的作业人员应立即给予急救和医疗处理。缺氧救援应注意如下事项：

（1）救护人不可直接冒然救人，要先检测一下空气中氧气的浓度。

缺氧救援应注意如下事项：

（2）待通风处理后再救人。但为了保障安全，预防意外发生，救护人可用绳索系在自己腋下，并带绳索以捆中毒者，使上面的人将中毒者吊上。

（3）如果救护人感到头晕、胸闷、眼花、流泪、心悸、呼吸困难等症状应立即示意上面的人将其吊上，以免发生中毒。

缺氧救援应注意如下事项：
（4）救护者用绳索捆中毒者时要注意捆绑牢固，以防滑脱。

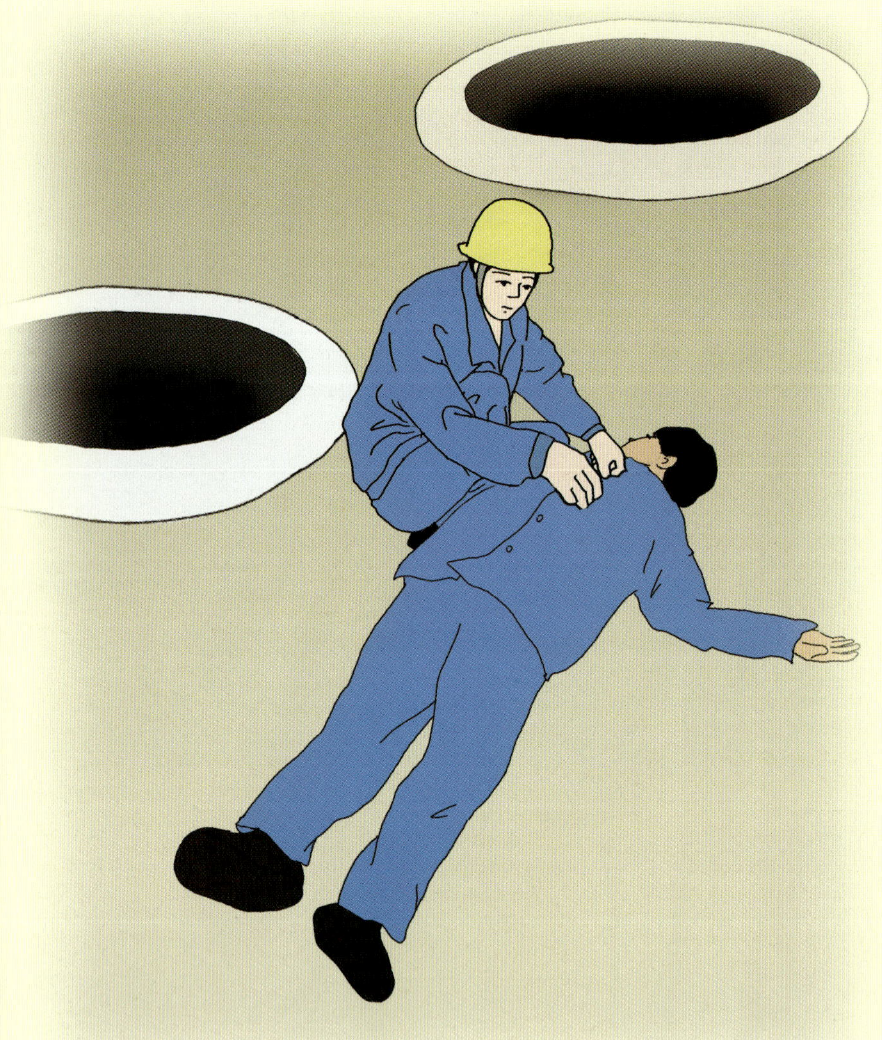

缺氧救援应注意如下事项：

（5）救出后应立即将中毒者移至通风良好，空气新鲜的地方，并松开其衣领、内衣的腰带。

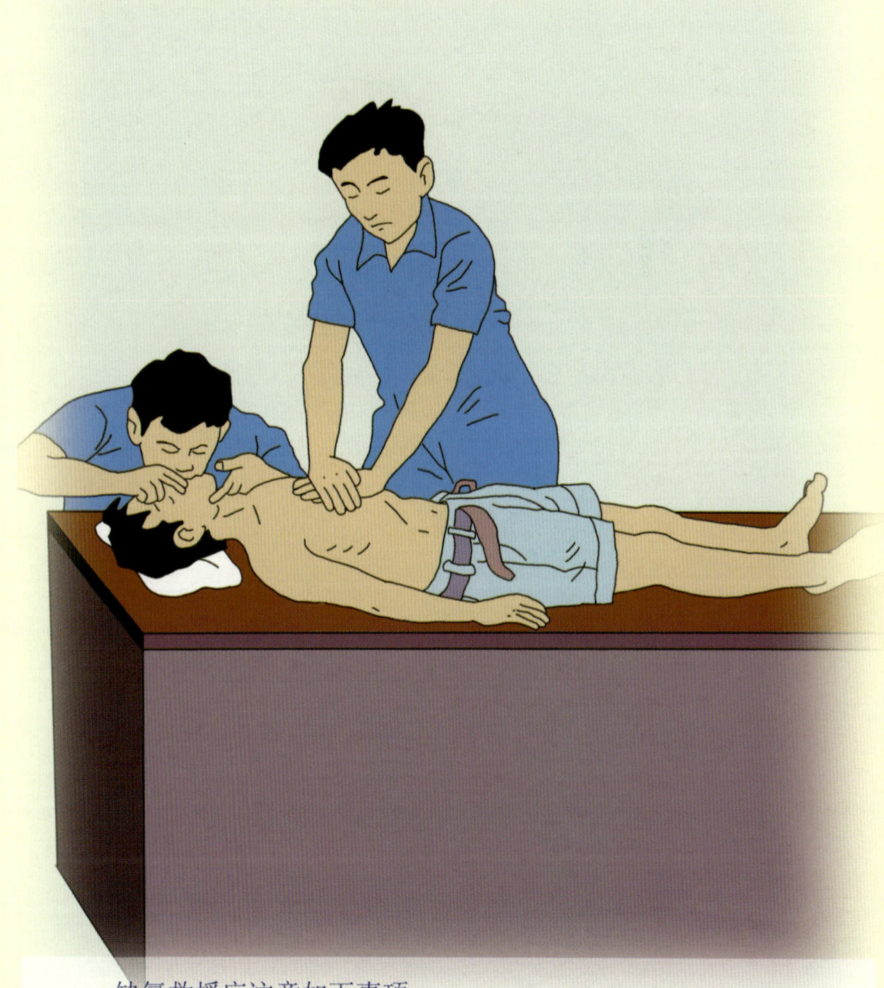

缺氧救援应注意如下事项：

（6）使呼吸困难者立即吸氧，做口对口人工呼吸；呼吸兴奋剂可酌情应用。心跳微弱或已停止者应立即行胸外心脏按压术复苏。

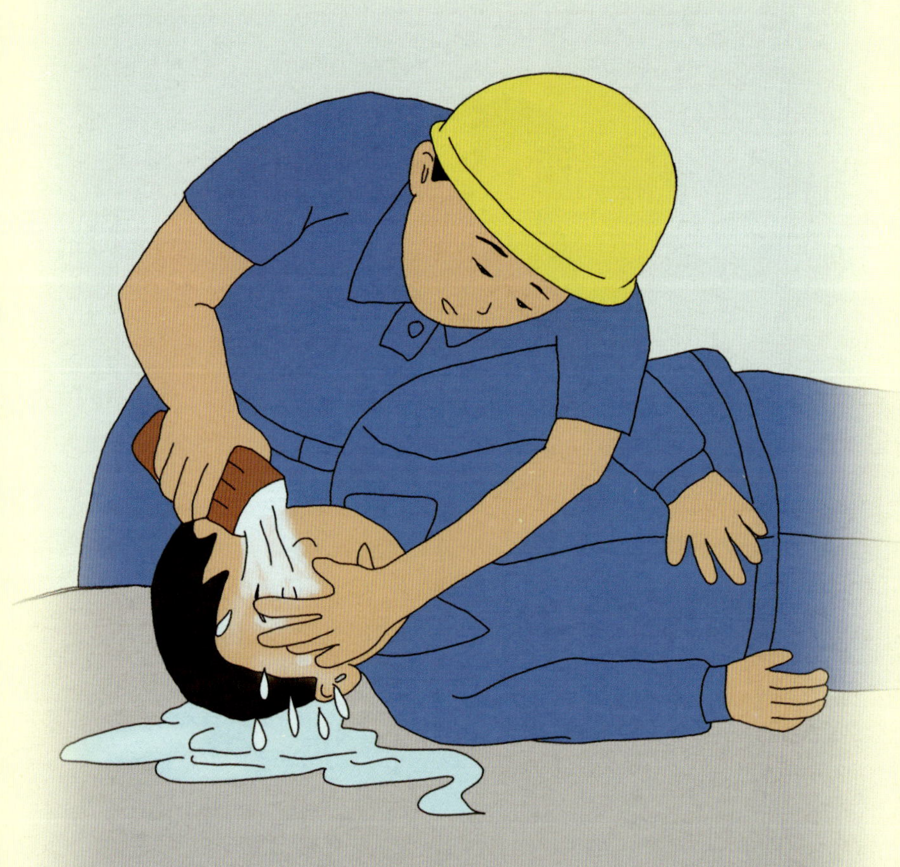

缺氧救援应注意如下事项：

（7）眼睛受硫化氢气体刺激者，可用碱性液体，如2%小苏打水冲洗；眼睛疼痛者可滴入0.5%盐酸潘妥卡因。

8　易燃易爆场所作业

1．易燃易爆危险物品应有专用的库房，仓库区严禁一切烟火，配备必要的消防器材设施，仓库人员必须由消防安全培训合格的人员担任。

2．易燃易爆危险物品应分类、分项储存。化学性质相抵触或灭火方法不同的易燃易爆化学物品，应分隔存放。

3. 易燃易爆化学物品进入库前，保管人员要对其进行严格的检查验收：校对物品的品名、生产厂、规格、数量等是否与送货单据相符；检查物品包装是否完好、锈蚀、渗漏、封口不严，有无危险标志等。

4．对检查验收中发现的问题要及时处理，对性质不明，包装损坏的物品一律不准入库。

5. 易燃易爆物品堆放要符合要求，不得超高、超宽，要做到稳固、整齐、且要“三留距”，即留墙距、柱距、堆距，以便清点检查，确保物品的安全。

6．仓库进出易燃易爆物品后，对遗留或散落在现场地面的物品，要及时清扫和处理。

7．凡易燃易爆液体罐开盖取料后，应及时将盖拧（盖）紧，防止液体蒸发，引起火灾。

8．使用过的油棉纱、油手套等沾油纤维物品以及可燃包装，应及时清除，保持场地清洁。

9．易燃易爆场所应根据消防规范要求采取防火防爆措施并做好防火防爆设施的维护保养。

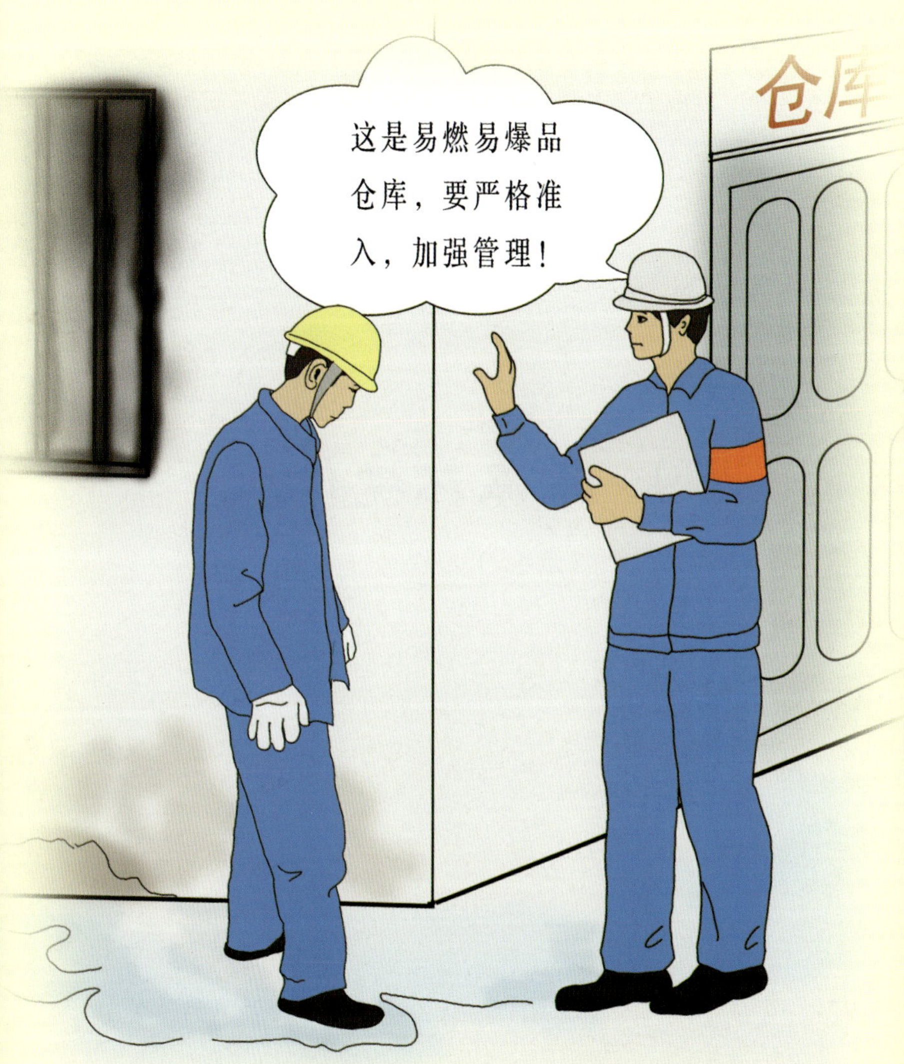

10．易燃易爆危险物品存取应按安全操作规程执行，仓库工作人员应坚守岗位，使之处于良好状态。非工作人员不得随意入内。

9　高温环境作业

1. 高温环境作业应调整作业时间，加强作业场所通风、淋水、降温，露天作业应设置休凉棚或遮阳篷。有条件时应在高温设备上覆盖隔热材料，以减少辐射热。

2．高温环境作业人员应正确佩戴和使用防护鞋、帽、手套和防护服等。

3．高温环境作业人员应适当饮用清凉饮料，配备消暑药品。出汗过多时应适当饮用盐水。

10　低温环境作业

1．工作地点平均气温等于或低于5℃的作业称为低温作业。

2．冬期要有防寒、采暖设施，露天作业要有防风棚、取暖棚。

3. 保持作业场所、个人衣着干燥，进行耐寒锻炼，提供高热饮食，采取多种防寒措施。

4．混凝土冬期施工应加强保温养护。

11　高原临时工程与缺氧防治

11.1　高原临时工程

1．生活区、料库（场）、设备存放场等场所的搭设，应选择在地质条件较好的低含冰量冻土分布地段及基岩出露、避风的平缓阳坡处所，且应避开热融可能滑坍的冰锥、冻胀丘、高含冰量的冻土和湖塘等不良地段。

2．平整场地应坚持宁填勿挖的原则，不应随意铲除植被、碾压便道以外的冻土和草地。

3. 严禁施工机械驶入富冰、饱冰冻土地段。

4. 修建临时工程时不得切断、阻拦地表水和地下水径流的排放。

5．临时工程附近不应形成新的积水洼地。

11.2 高原缺氧防治

1. 参加高原地区施工的所有人员应进行体检，严禁不适应高原环境的人员进场。

2．患有明显的心、肺、脑、肝、肾等疾病者和严重贫血、高血压和视网膜疾病者以及孕妇等，不宜进入高海拔地区。

3. 进入高原前应将身体调整到最佳状态，避免感冒发烧。

4. 初入高原，应遵循海拔由低到高逐步适应的原则，进行一周以上时间的适应性锻炼、观察、调理、治疗，并应多饮水、静养、缓动、慢行，避免吸烟饮酒，严禁暴饮暴食、剧烈运动。

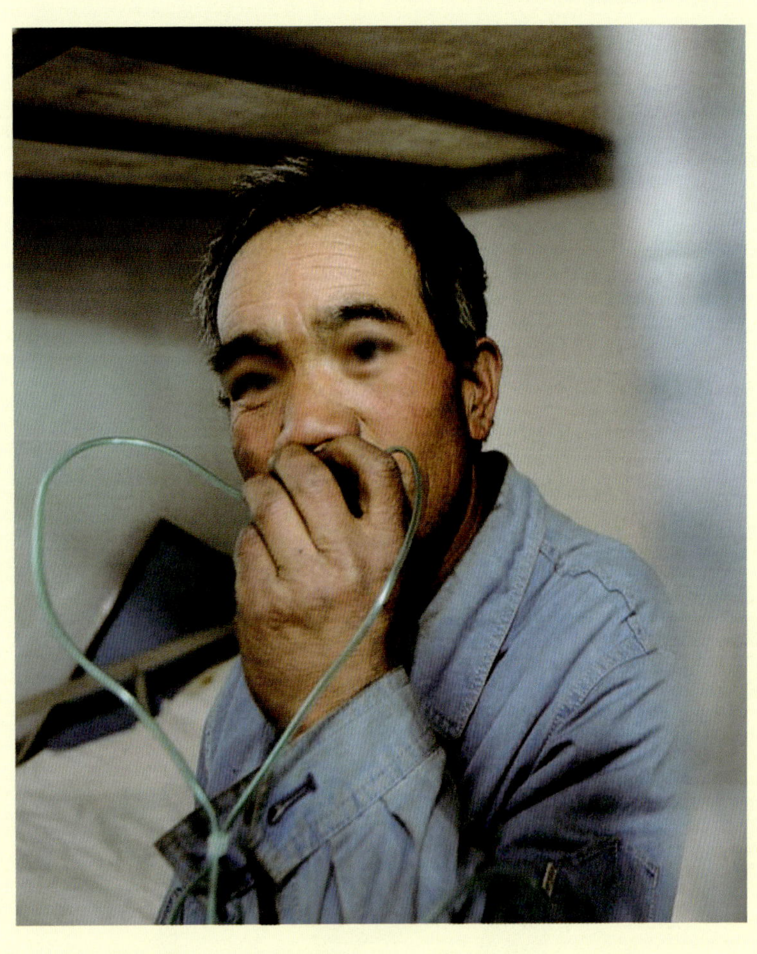

5. 作业人员应随身携带供氧器，定时吸氧。

6. 高原地区施工应合理安排作业时间，在海拔4000m以上时，野外作业不宜超过6h/d，隧道内作业不宜超过4h/d，劳动强度宜在中等以下。

12　潮湿环境用电

12.1 潮湿环境下预防触电的基本安全措施

1. 对于裸导线、母线或开关刀闸的裸露部分等必须采取封闭、高挂或设置护罩（盖）等绝缘、屏护遮拦和保证安全距离的措施，有效预防触电事故发生。

2．电气设备（包括手持电动工具）外壳应采取保护接零以及安装漏电保护器等措施，以防绝缘损坏漏电伤人（潮湿环境更危险）。

3. 隧道开挖时因为环境潮湿，照明必须采取限制电压等级的措施，即通过照明变压器将220V电压变为36V或24V甚至12V的安全电压，施工时根据不同作业环境予以选用，保证特殊环境下照明电压在安全电压的范围以内，避免对人体造成伤害。

4. 针对潮湿环境下电气线路或电气设备的检查、修理或试验时，为预防操作人员麻痹大意或偶尔丧失判断能力导致触电，应采用规范的标志或信号帮助他们做出正确的判断。

5. 电气操作严禁带电作业，但确有特殊情况需要带电检修时，为避免发生触电事故，必须使用恰当的电工防护用具，如：绝缘台、绝缘胶垫、绝缘靴、绝缘手套、绝缘棒钳、验电器和便携式临时接地装置等，且必须设专业监护人。

6．安装、巡检、维修或拆除临时用电设备和线路时，必须由电工完成，并应有人监护。电工等级应同工程的难易程度和技术复杂性相适应。

12.2 潮湿环境下防止触电的基本技术要求

1. 电气设备和线路必须绝缘良好，凡洞内潮湿环境下使用的各类用电设备及电动工具必须严格按规定进行定期绝缘电阻测试，由专人负责并做好相关记录。

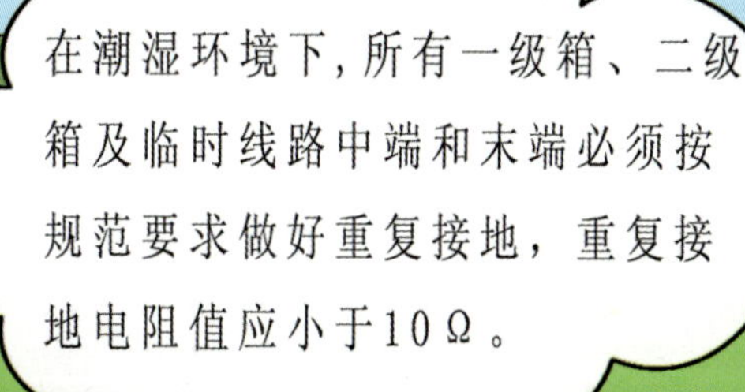

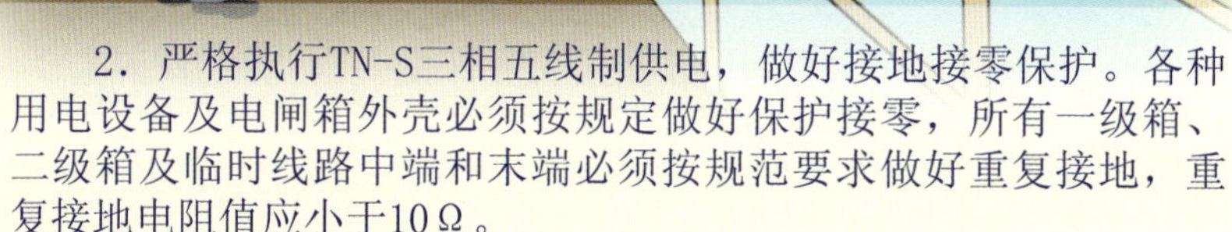

2．严格执行TN-S三相五线制供电，做好接地接零保护。各种用电设备及电闸箱外壳必须按规定做好保护接零，所有一级箱、二级箱及临时线路中端和末端必须按规范要求做好重复接地，重复接地电阻值应小于10Ω。

3．PE保护零线上严禁装设开关或熔断器。

4．PE保护零线上严禁通过工作电流，且严禁断线。

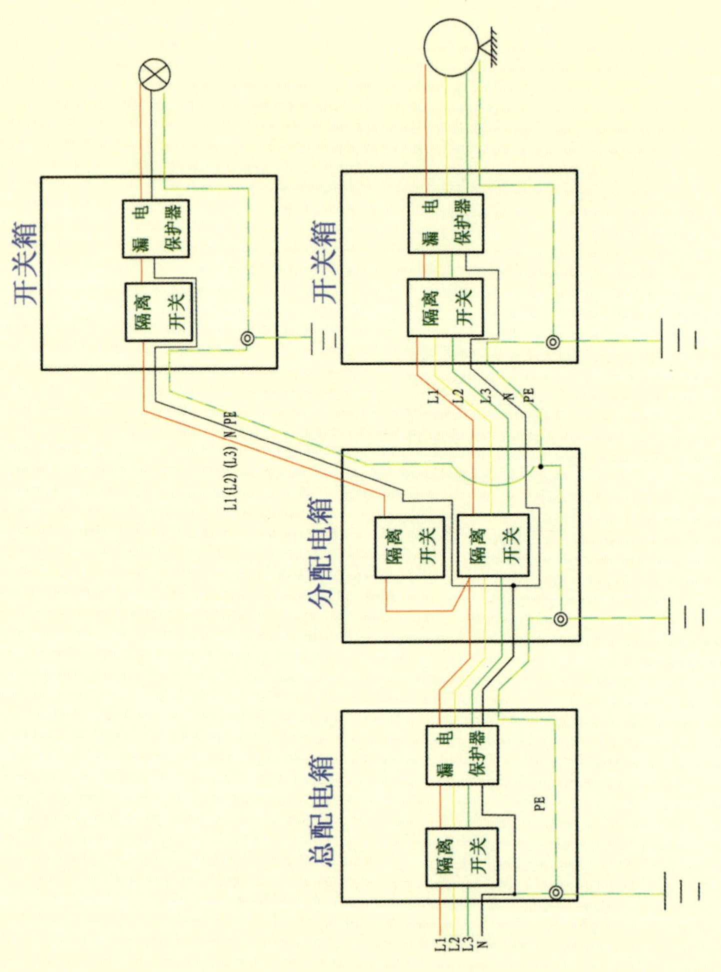

5．低压配电系统一律按三级配电、两级漏电保护设置。三级配电是指在总配电箱下设分配电箱，分配电箱下设开关箱，开关箱以下才是用电设备。要求开关箱距离用电设备小于3m，以便发生故障时能及时切断电源。

使用于潮湿和有腐蚀介质场所（如隧道内）的漏电保护器，要采用防溅型产品。

6．开关箱内漏电保护器额定动作电流应不大于30mA，额定漏电动作时间应小于0.1s。使用于潮湿和有腐蚀介质场所的漏电保护器应采用防溅型产品，其额定漏电动作电流应不大于15mA，额定漏电动作时间应小于0.1s。漏电保护器必须定期专人负责测试和记录，确保完好可靠。

7．每台设备都应有各自专用的开关箱及漏电保护器，严格实行“一机一闸一漏一箱”，严禁用一个开关控制两台及两台以上设备（含插座）。

8．配电箱的电器安装板上必须分设N线端子板和PE线端子板。N线端子板必须与金属电器安装板绝缘；PE线端子板必须与金属电器安装板做电气连接。进出线中的N线必须通过N线端子板连接；PE线必须通过PE线端子板连接。

9. 潮湿环境下进行电气维修或检测时必须停电，并配戴电工安全防护用品，遵循有关操作规程，严禁任何人用手直接摸试有无电流或漏电。

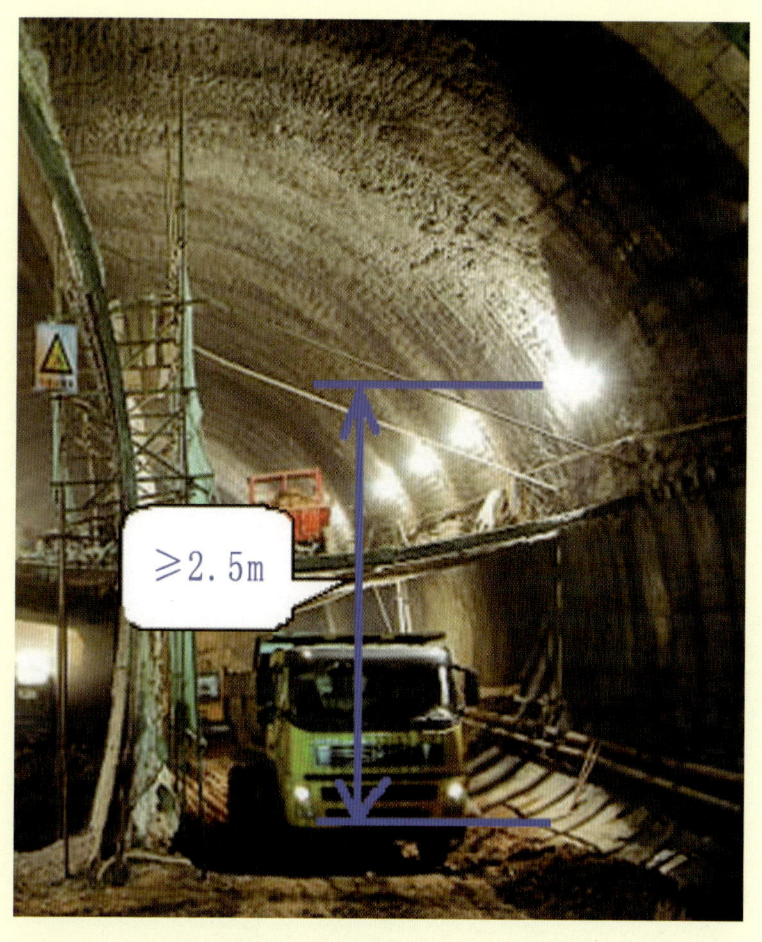

10. 所有照明动力线路铺设必须按规范进行，并应考虑足够的安全距离。洞内固定照明灯具距地应不小于2.5m，洞内照明电压应采用36V，在潮湿和易触及带电体场所的照明电压应不大于24V。

11．在特别潮湿的场所、导电良好的地面以及密闭金属容器内工作时，照明电压应不大于12V。

12．凡移动式照明必须采用36V及其以下的安全电压。照明变压器必须是双绕组型，应设置专用闸箱以防雨防砸。

13．移动式行灯手柄应坚固、绝缘良好并耐热耐潮湿，灯泡外部应有金属保护网。

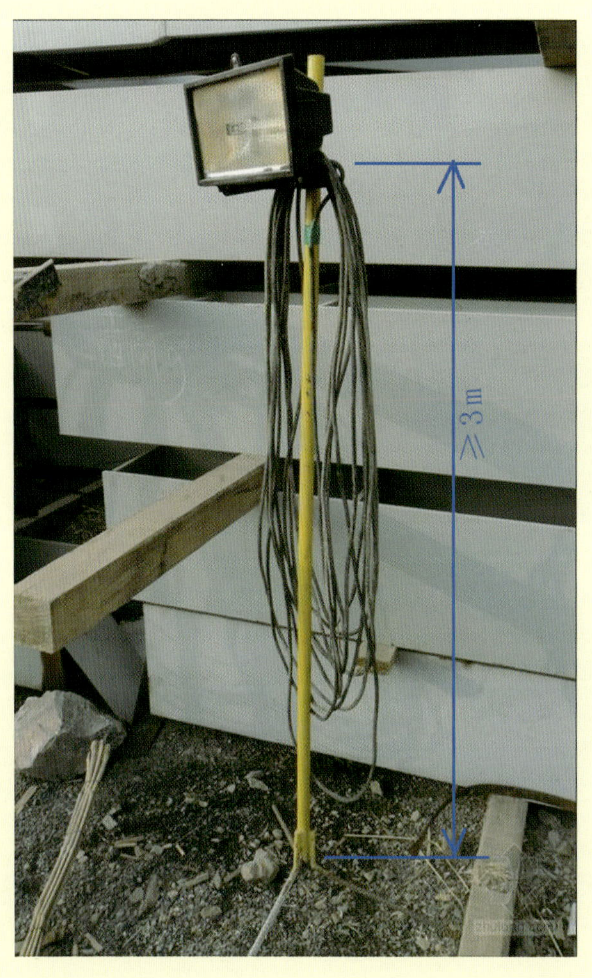

14. 36V移动式碘钨灯应采用封闭型，固定架设高度不低于3m，灯具架设离开易燃物30cm以上。

15．现场电线、电缆不得与金属物等导体绑在一起，严禁电源线路随地拖拉、浸水，使用过程中随时检查及定期检测，确保绝缘良好。

16．施工现场固定式配电箱、开关箱应设防护栏并上锁，防止非工作人员入内违规操作，露天放置时应设雨棚防雨。

17. 洞内使用电焊机应有专用闸箱控制，应有防雨、防砸等措施。电焊机外壳应保护接零，电源进出线处应有防护罩，电焊把线应双线到位。为防止触电，潮湿环境下使用电焊机必须加装防触电二次保护。

18．配电箱、开关箱的电源进线端严禁采用插头和插座做活动连接。

19. 对配电箱、开关箱进行定期维修、检查时，必须将其前一级相应的电源隔离开关分闸断电，并悬挂“禁止合闸”的停电标志牌，严禁带电作业。

20．各类用电人员应掌握安全用电基本知识和所用设备的性能，并应符合下列规定：

（1）使用电气设备前，必须按规定穿戴和配备好相应的劳动防护用品，并应检查电气装置和保护设施，严禁设备带“缺陷”运转。

（2）保管和维护所用电气设备，发现问题应及时报告并解决。

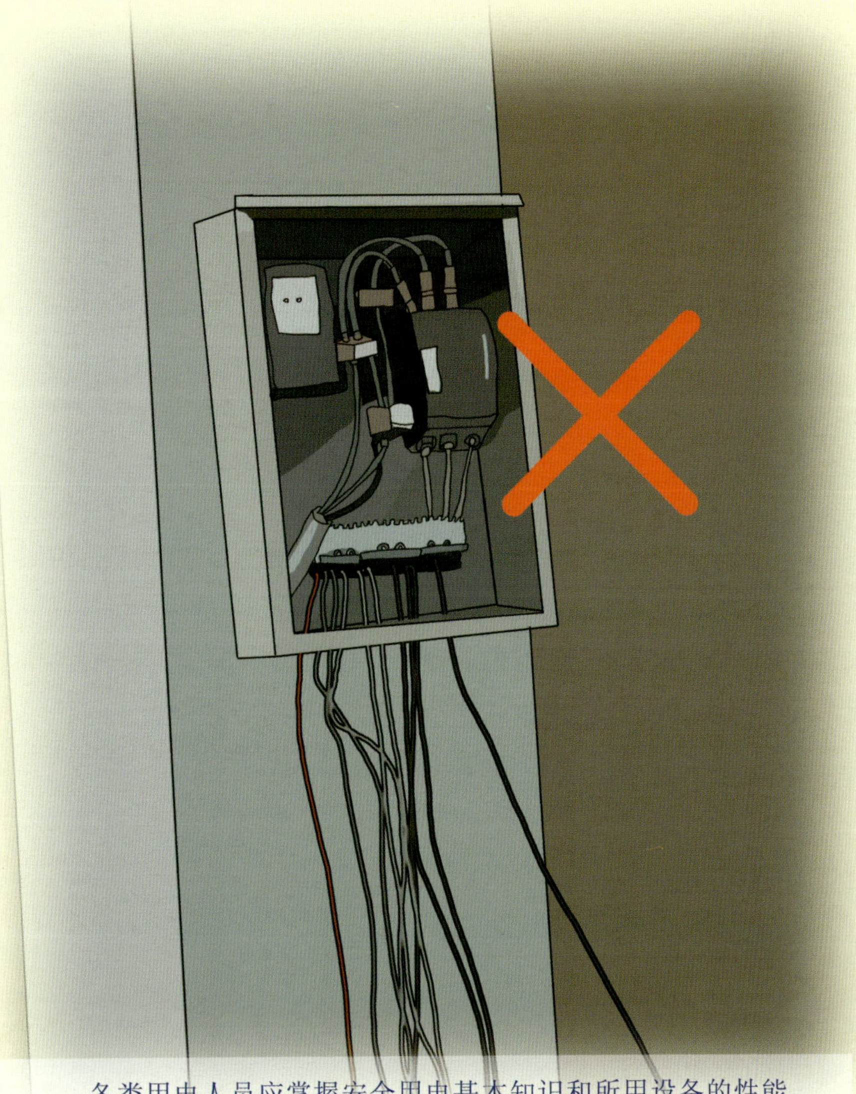

各类用电人员应掌握安全用电基本知识和所用设备的性能，并应符合下列规定：

（3）暂时停用设备的开关箱必须分断电源隔离开关，并应关门上锁。

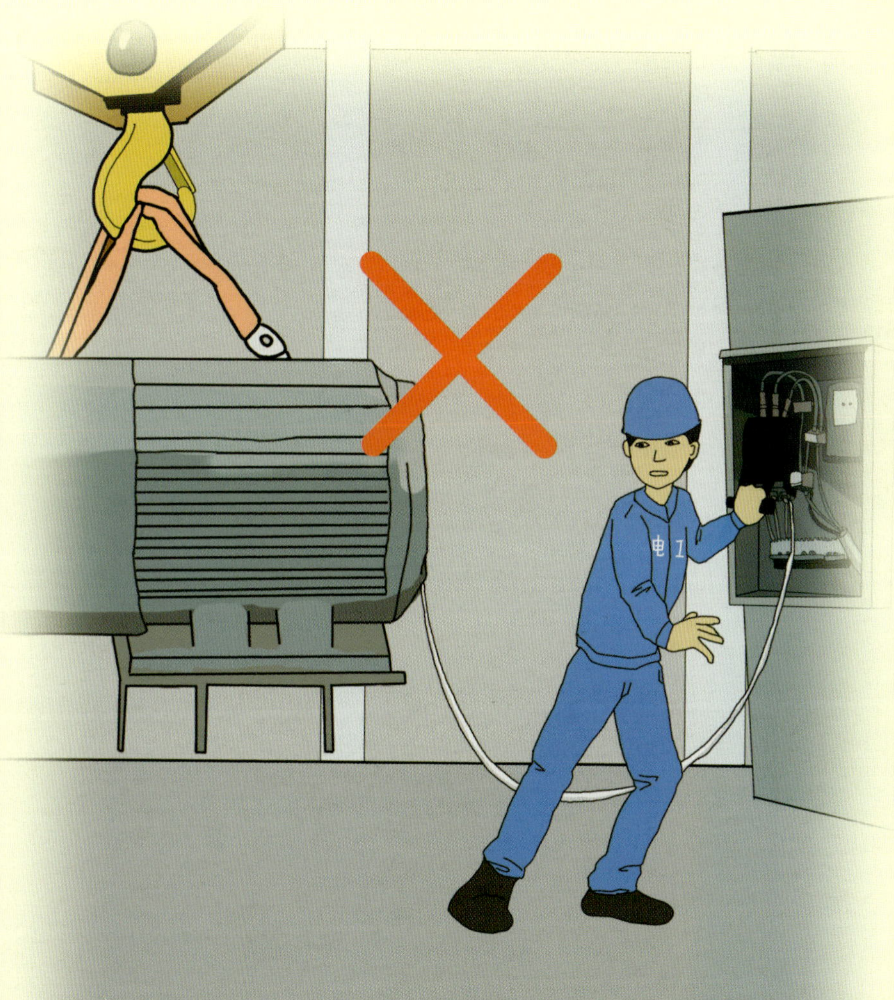

各类用电人员应掌握安全用电基本知识和所用设备的性能，并应符合下列规定：

（4）移动电气设备必在经电工切断电源并做妥善处理后进行。

12.3 触电事故救援

1. 现场意外发生触电事故，应立即开展现场急救，及时上报项目部值班室及单位领导，并视情况需要送医院救治或拨打120急救电话求救。

2. 发生触电的现场急救方法：

（1）首先是尽快使触电者脱离电源，并应防止触电者二次触电或抢救者触电。

对于低压触电事故脱离电源方法大致有三种：
①拉闸断电。

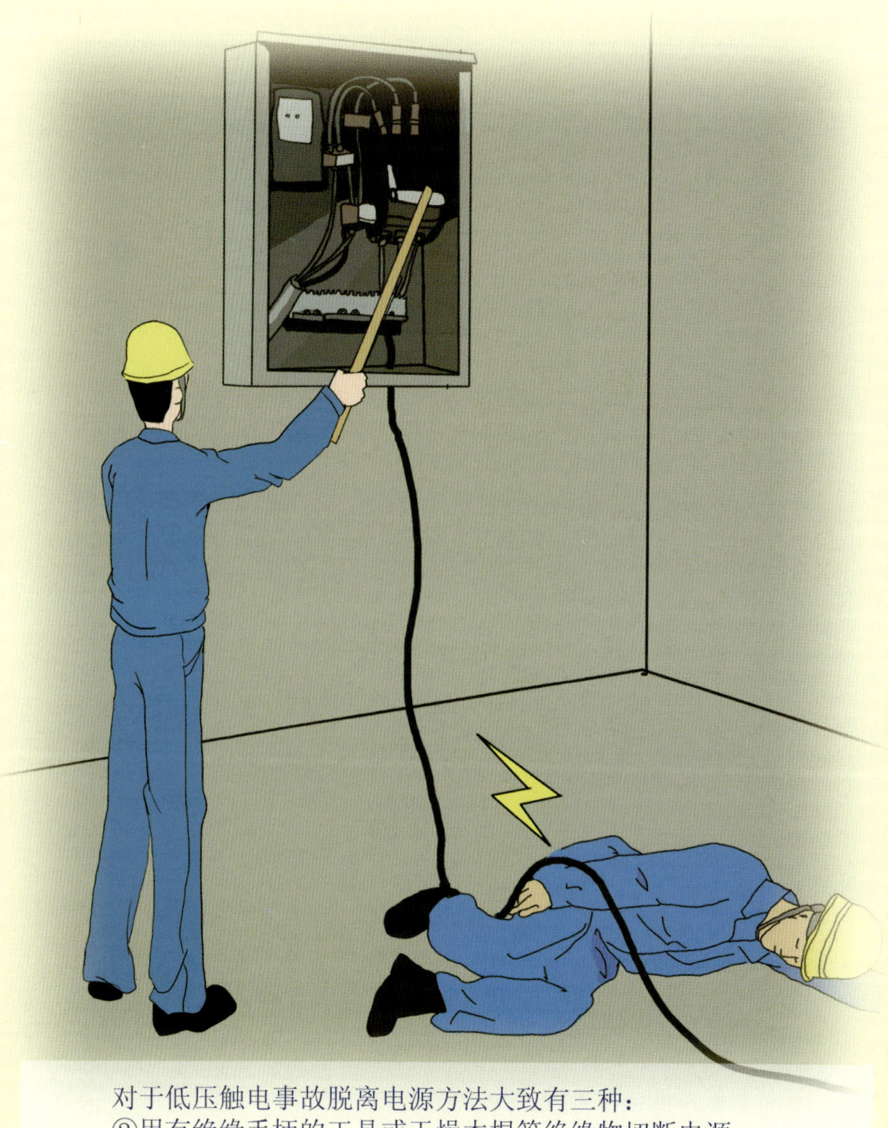

对于低压触电事故脱离电源方法大致有三种：
②用有绝缘手柄的工具或干燥木棍等绝缘物切断电源。

对于低压触电事故脱离电源方法大致有三种：

③用干燥木棍等绝缘物拉开触电者或挑开电源线，切不可用手直接去拉触电者以防再次触电。

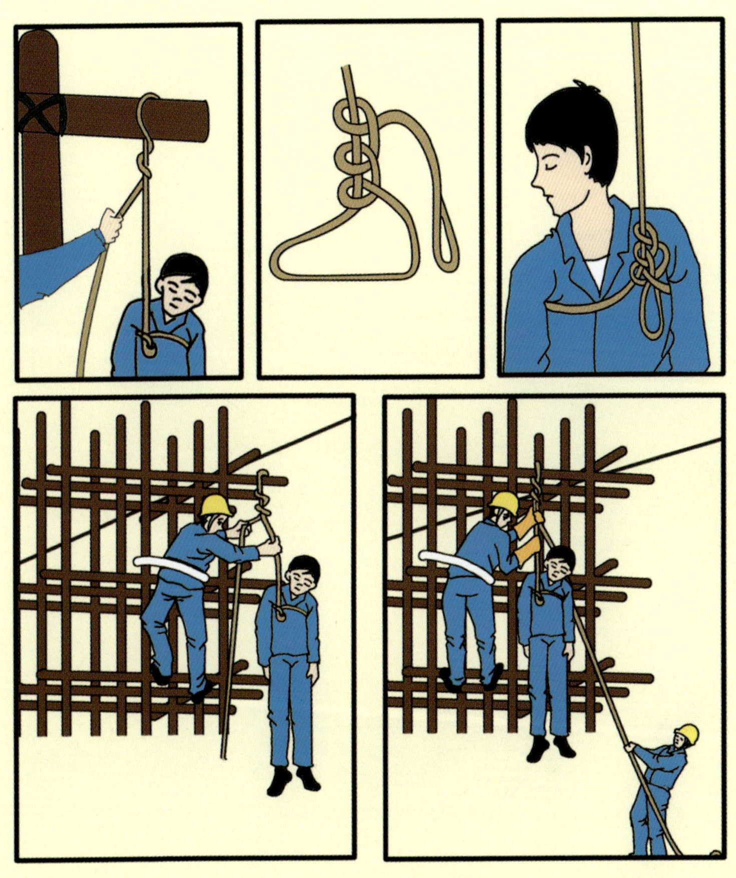

注意：如果在高处作业发生触电事故时，在断开电源的同时，要防止触电者摔下来，造成二次伤害。

发生触电的现场急救方法：

（2）脱离电源后，迅速判断触电者的伤害程度，根据伤害程度进行不同方法的抢救。

①如果触电者神智清醒，但有些心慌、四肢麻木、全身无力，则应安静休息，不要走动，严密观察。

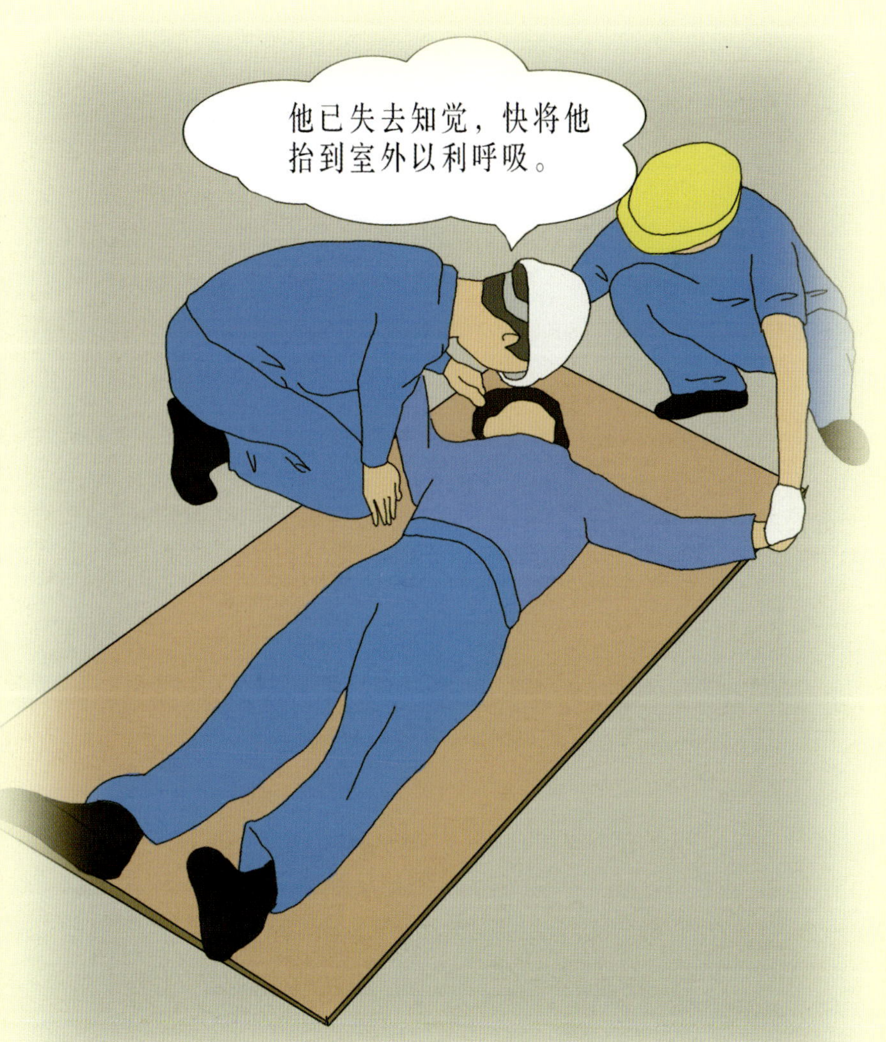

脱离电源后，迅速判断触电者的伤害程度，根据伤害程度进行不同方法的抢救。

②如果触电者伤势较重，已失去知觉，但心脏还在跳动、呼吸还存在，应将触电者抬至空气畅通处，以利呼吸。

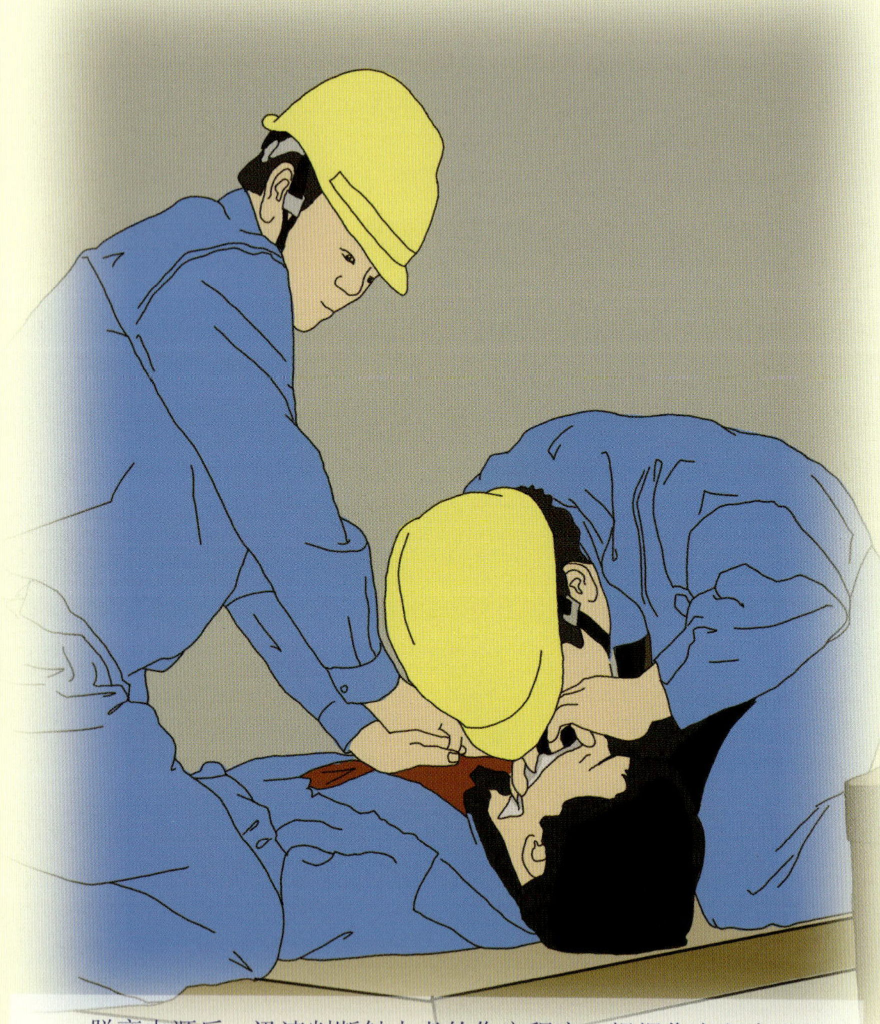

脱离电源后，迅速判断触电者的伤害程度，根据伤害程度进行不同方法的抢救。

③如果触电者伤势严重，呼吸停止或心脏停跳或二者都已停止，应立即进行口对口的人工呼吸或胸外心脏人工挤压或两种方法同时进行抢救。

发生触电的现场急救方法：

（3）发生触电事故后，根据触电伤害情况，应立即请医生诊治或送往医院，中途不能停止抢救。

（4）没有经过医生允许，任何人都不能对触电者使用药物，因为任何药物都不能代替人工呼吸和胸外心脏挤压。

13 瓦斯环境作业

1．爆破、供电、瓦斯检测等特种作业人员必须持证上岗。

2．瓦斯作业区内严禁携带明火进入，并不得存放各种油类。

3．在焊接、切割等工作地点前后各20m范围内，有检测人员现场检测，瓦斯浓度必须小于0.3%，并不得有可燃物，两端各设一个供水阀门和灭火器，并在作业完成前由专人检查，对焊接部位进行降温，确认无残火后方可结束作业。

4．在瓦斯隧道施工中，通风工应加强对洞口、通风机附近20m范围内环境的巡查，洞口、通风机附近20m范围内不得有火源，避免火源从风筒内进入掌子面。

5．在瓦斯隧道施工中，通风工必须保证24h连续不间断地通风，风量、风压必须满足设计要求，不得随意停风。停电时，必须在15min内接通并启动备用发电机，保证隧道正常通风。

6. 在瓦斯隧道施工中，瓦斯检测工负责紧跟隧道作业人员到作业面，按照瓦斯检测地点及范围要求巡回检测，必须满足：

（1）“一炮三检制”

装药前、放炮前、放炮后都必须检查爆破地点附近的瓦斯，且放炮员、班组长、瓦检员都必须检查，当瓦斯浓度超过1%，不准爆破。

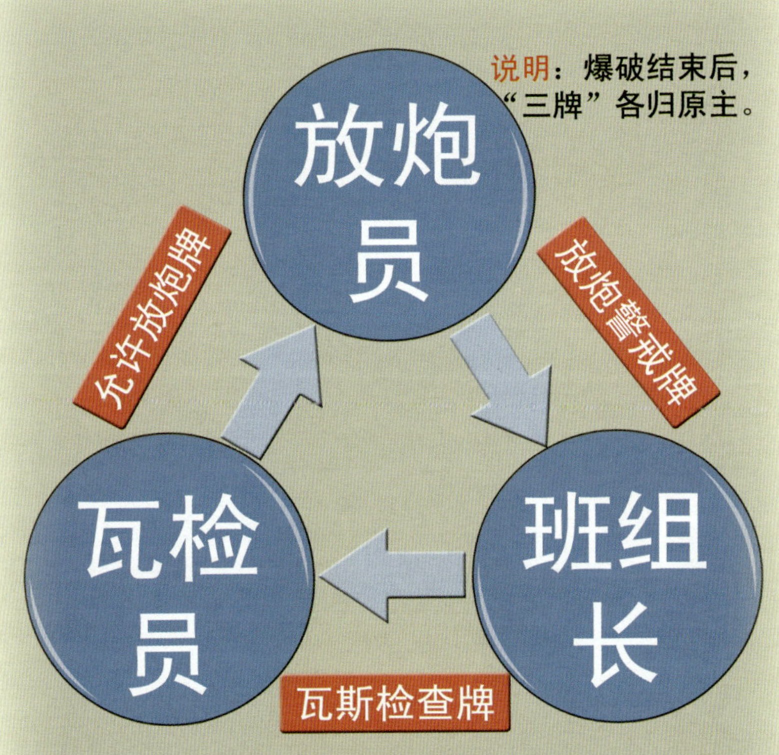

（2）“三人连锁放炮制”

爆破前，放炮员将警戒牌交给班组长，由班组长派人警戒，并检查顶板与支架情况，将自己携带的瓦斯检测牌交给瓦斯检测工，瓦斯检测工经检查瓦斯浓度合格后，将自己携带的放炮牌交给放炮员，放炮员发出爆破口哨进行爆破，爆破后三牌各归原主。

（3）符合安全生产的要求，严禁脱岗、玩忽职守。

7. 在瓦斯隧道施工中，瓦斯检测工还应负责在爆破之前将瓦斯探头移至规定的范围之外，爆破之后再将瓦斯探头安装在规定的范围之内。

8. 在瓦斯隧道施工中，瓦斯检测工有权制止一切违规操作的行为，有权命令可能出现瓦斯燃烧等危险情况的工作面停工，并组织人员撤离到安全地点。

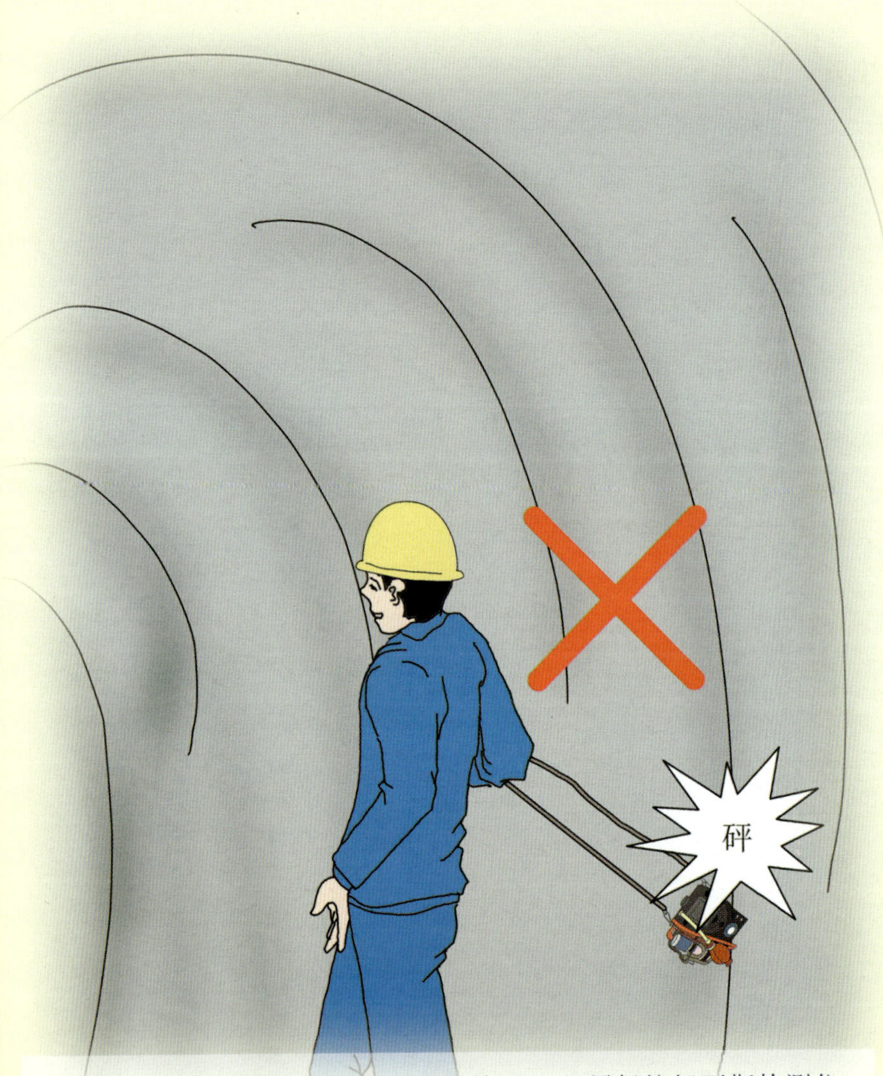

9．在瓦斯隧道施工中，瓦斯检测工必须保护好瓦斯检测仪器，在携带和使用过程中严禁猛烈摔打、碰撞。

10. 瓦斯检测工应保护好瓦斯检测仪器，严防其被水浇淋或浸泡。

11．当掘进工作面及其他作业地点风流中瓦斯浓度达到1.0%时，瓦斯检测工有权禁止钻孔、禁止放炮；瓦斯浓度达到1.5%时，有权禁止工作、切断电源、撤离现场，不需请示。

12．高瓦斯隧道应做好进洞安全检查工作。图示为某施工单位高瓦斯隧道的进洞安全检查。

14 夜间施工

1．在同一作业范围内，尽量避免在夜间安排交叉施工的工序，如确需交叉施工时，必须细化作业范围，采取防止交叉施工安全问题的针对性措施。

2．施工前由专人负责检查确认照明设施配备是否齐全完好，作业车辆状态是否良好，运转是否正常。

14 夜间施工

3．当晚作业使用的工具、材料提前在白天进行全面认真的检查，发现有质量问题及时更换。

4．夜间施工必须加强防护，必要时增加信号传递员，保证施工地点与防护人员联络畅通；施工用电设备必须有专人看护，确保用电设备及人身安全。

5. 夜间施工作业必须由作业负责人统一指挥，分工明确，并随时与防护人员保持联系；各道工序夜间施工时除当班的安全员、质检员必须到位外，还要建立安保人员巡查制度，发现问题必须立即解决。

6．夜间施工作业结束后，施工负责人必须对作业现场认真检查，确保线路畅通；作业前和收工时要清点人员，人不到齐不准离开原地，作业中也要随时保持联系。

7．夜间施工时，工器具、设备（施工车辆、发电机等）应悬挂具有反光的黄色标志牌。

8．进入作业现场所有人员必须穿反光防护服装。

9. 雷雨、大风天气禁止夜间作业。

10．禁止夜间高处作业。

11. 禁止夜间涉水作业。

12．现场作业点集中固定时采用日光色镝灯作为主要照明灯具，必须在场地适当位置装足够的照明设备，保证整个施工场地均有较好的照明，保证夜间施工有良好的照明条件。

13．采用碘钨灯作为临时可移动照明灯具，用于重要施工部位，作为对固定式照明的补充。

14．大型设备作业时，其照明部件必须启动运转。

15. 作业人员可随身携带锂电LED帽灯，监护、巡视等人员用手提式防爆探照灯或手电筒。

16. 夜间行动必须有2人或2人以上人员一起，禁止1人单独行动。

17．施工中的深基坑、开挖沟槽等临时工程，应设置围栏，行人、车辆等交通要道必须设置反光警示、悬挂红灯示警标志。

18．做好夜间施工防护，在危险地段（临近深坑、水塘、河边、大桥）作业地点附近设置警示标志，以提醒行人和司机注意，必要时安排专人值守。

19．夜间施工现场周围有噪声敏感区域，要取得沿线居民的谅解。

20．夜间施工使用机械时尽量选择低噪声的设备，必须采用大噪声的设备时，必须采用降噪措施。

后记

为使一线施工人员更好地掌握铁路工程特殊环境和场所的安全作业的要求，增强安全意识，最大程度地减少事故的发生，降低危害，我们组织编写了本书。在撰写过程中注意把安全管理、安全技术及安全作业有机统一起来，以安全作业为重点图解内容，同时兼顾了安全管理与安全技术相关内容的分析和阐述。

要创造性地采用图画方式将安全问题展现在读者面前，看似简单，实则难度很大。难题之一是有些安全问题用图画难以表达或有很大的局限性，有时甚至无法实现。难题之二是绘图人员对工程相关情况的感性认识相对缺乏。这就需要将脚本尽量写得详尽。即使这样，一般情况下每一幅图也需要经过多次反复修改，方能达到要求。

此外，由于铁路工程施工中设备种类型号繁多，只能选取某一型号来表述，从而使得现场施工设备可能会与本书中展现的有所不同。加之铁路工程的复杂性，实际施工场景与本书所描述的也可能不完全一致。对于以上客观原因造成的不足，敬请读者谅解。

本书由石家庄铁道大学温少芳、吴红娟编著。石家庄市桥东污水处理厂刘超、中铁十九局集团第一工程有限公司夏玉强、中铁三局集团有限公司桥隧工程分公司位喜臣、石家庄铁道大学田运生、王宁等提供了部分资料。本书插图主要由河北传媒学院学生齐梦雅绘制。技画师田晓彤和河北科技大学动画学院学生任新新、王亚利、刘冠英、杨晓丽、李亚楠、王晓颖、薛丹丹、殷佳佳、刘赛以及河北传媒学院学生刘梦、邱晓楠、宋瑞也参与了部分工作。中国铁道出版社石家庄铁道大学发行分部赵春虎、于超、杨晓燕对本书撰写也提出了宝贵意见。在此一并表示感谢。

限于时间和水平，书中错误和不妥之处在所难免，敬请读者不吝赐教。

编著者

2013年3月

“图解铁路工程施工安全”系列丛书

1. 图解铁路桥梁基础施工安全
2. 图解铁路桥梁墩台与支座施工安全
3. 图解铁路简支梁制造运输架设安全
4. 图解铁路桥位制梁施工安全
5. 图解铁路钢桥与结合梁桥施工安全
6. 图解铁路拱桥斜拉桥及转体施工安全
7. 图解铁路桥涵综合施工作业安全
8. 图解铁路隧道洞身与洞口工程施工安全
9. 图解铁路不良地质与特殊岩土隧道施工安全及逃生
10. 图解铁路隧道辅助施工作业安全
11. 图解铁路路基本体施工安全
12. 图解铁路路基附属工程及特殊路基施工安全
13. 图解铁路轨道材料作业与运输安全
14. 图解铁路轨道道床施工安全
15. 图解铁路轨道铺设安全
16. 图解铁路通信与信号工程施工安全
17. 图解铁路电力与电力牵引供电工程施工安全
18. 图解邻近铁路营业线施工安全

“图解铁路工程施工安全”系列丛书

19 图解铁路营业线施工安全

20 图解铁路工程拆除作业安全

21 图解铁路工程装卸与搬运安全

22 图解地铁隧道工程施工安全

23 图解铁路工程施工用电安全

24 图解铁路工程施工防火与消防

25 图解铁路工程材料储存与运输安全

26 图解铁路工程起重及垂直运输安全

27 图解特殊天气条件下铁路工程施工安全

28 图解铁路工程特殊环境与场所作业安全

29 图解铁路临时工程施工作业安全

30 图解铁路工程土石方作业安全

31 图解铁路工程桩工与水工机械作业安全

32 图解铁路混凝土与砌体工程施工安全

33 图解铁路钢筋工程与预应力工程作业安全

34 图解铁路工程焊接与动力电气安全

35 图解铁路工程小型机具作业安全

36 图解铁路工程施工安全防护与安全心理